美,在体验中行走

孙丽君　著

中国海洋大学出版社
CHINA OCEAN UNIVERSITY PRESS

·青岛·

图书在版编目（CIP）数据

美，在体验中行走 / 孙丽君著. -- 青岛：中国海洋大学出版社，2022.11

ISBN 978-7-5670-3336-8

Ⅰ. ①美… Ⅱ. ①孙… Ⅲ. ①美术课–教学研究–学前教育 Ⅳ. ①G613.6

中国版本图书馆 CIP 数据核字（2022）第 218369 号

美，在体验中行走　　　　MEI ZAI TIYAN ZHONG XINGZOU

出版发行	中国海洋大学出版社		
社　　址	青岛市香港东路 23 号	**邮政编码**	266071
出 版 人	刘文菁		
网　　址	http://pub.ouc.edu.cn		
电子信箱	2627654282@qq.com		
责任编辑	赵孟欣	**电　　话**	0532-85901092
印　　制	青岛中苑金融安全印刷有限公司		
版　　次	2022 年 11 月第 1 版		
印　　次	2022 年 11 月第 1 次印刷		
成品尺寸	185 mm × 260 mm		
印　　张	10.25		
字　　数	198 千		
印　　数	1~1000		
定　　价	52.00 元		

发现印装质量问题，请致电 0532-85662115，由印刷厂负责调换。

序言

　　绘画是儿童的天性，他们常常不由自主地寻找一切可以涂画的工具和材料，在墙上、地上随意涂鸦。但是随着儿童年龄的增长，度过了"涂鸦期"的他们却越来越不敢画、不会画……是什么原因导致了儿童绘画发展水平的"下滑"？儿童拿起画笔的瞬间，他们面临的困难是什么？众多的幼儿园美术教师一直在寻找答案。

　　2012年9月，教育部颁布了《3—6岁儿童学习与发展指南》（以下简称《指南》），强调美术活动中幼儿的感受和体验、积累和观察，要求回归儿童的生活和原有经验，这是对过去传统的幼儿园美术教学观念的冲击。《指南》在"表现与创造"的目标2中提道："幼儿绘画时，不宜提供范画，特别不应要求幼儿完全按照范画来画。"这一规定给了教师一个明确的教学行为准则，教师们开始意识到，美术教育是审美教育，是表达自己对周围世界的认识和情绪态度的特有方式。范画阻止了儿童绘画中应有认知过程的展开，不利于儿童自主思想的产生和表达。这一规定也给教师们带来了新的困惑：不提供范画后，教师该干什么？教什么？如果教，该如何教？怎样教才能让儿童进行个性化的表达，怎样教才能让儿童的作品更有想象力和创造力？如果不教，那么教师需不需要在儿童的绘画中发挥作用？如何才能发挥作用？教与不教，都让老师们纠结困惑。

　　事实上，这些困惑之所以存在，很大程度上是因为多年来我们看待儿童的绘画一直单纯地围于儿童技能的发展，忽视了儿童的艺术活动与其心理发展的紧密关系，始终从绘画作品本身来看待幼儿的绘画活动，"画得像不像"依然是幼儿园教师和家长们评价幼儿绘画水平的重要标准。

　　我们对成人画的态度也是追求"像不像"吗？答案是否定的。当教师们带领幼儿一起欣赏画家凡·高的《星月夜》的时候，可能会这样引导幼儿：画家为什么画这幅画？画中的颜色和线条表达了画家什么样的想法？在大师的作品面前，我们想探究的是创作者的思想、情感；而在幼儿的作品面前，我们更看重的是他们所画出的具体形象。同样是创作者的绘画作品，为什么我们的态度大相径庭？仅仅是因为创作者的不同吗？所以，站在哪个立场上看待儿童艺术，决定了成人会给儿童的绘画活动提供怎样的支持。

　　基于以上思考，我们从2018年起，开始了对幼儿园美术教学的实践与探索。在《指南》的指引下，确定了"体验式美术教学"的行动路径，注重幼儿的"参与"和"经历"，"实践"和"内化"，注重幼儿"情感的浸润"和"审美的融合"，通过内容的适宜选择、材料的创意运用、教学方法的大胆探索、表现形式的多维度尝试，努力探索回归儿童本真和生活的美术教学课程。5年来，我们潜心钻研市级立项课题《体验式教学应用于幼儿园美术活动的实践研究》，一路走来，我们积累了大量来自一线教学的生动案例，初步构筑起以幼儿发展为本的、归于童心的幼儿园体验式美术课程框架。抱着交流、分享的愿望，就有了《美，在体验中行走》这本书。

本书主要由三章组成。第一章"重新认识儿童美术"，主要从儿童画的定义、绘画的本质、绘画发展特点等方面梳理了儿童绘画的本质问题。我们认为，这是解决幼儿园美术教育困惑的基础。第二章"体验式美术教学的理论研究"，具体介绍了体验式教学的研究背景、主要问题和研究依据；界定了体验式教学的核心概念，详细阐述了体验式美术教学的核心理念和价值追求。第三章为"体验式美术教学的探索与实践"，分别阐述了"在感知中表现""在审美中创作""在想象中创造"三项内容。各项内容均由两方面组成：一是我们在美术教学活动时运用体验式教学的方法和策略；二是教师们运用体验式教学的实践案例。

由于认识水平、理论水平、写作水平有限，书中许多地方有待于进一步探讨，很多观点需要进一步学习提升，不当之处，敬请专家、同行批评指正。

孙丽君

2022 年 3 月 17 日

Content 目录

第一章　重新认识儿童美术

我很早就可以像拉斐尔那样画画，但我却花了一生的时间去学习怎样像孩子那样画画。

——西班牙画家　毕加索

一、什么是儿童画？

顾名思义，儿童画就是"儿童画的画"。其有两方面的含义：首先，儿童是绘画活动的主体，儿童画是儿童利用原有的经验，选择适合的绘画材料，表达自己认识和情感的积极过程；其次，儿童画是儿童内心活动的体现，是儿童表达思想和情感的重要载体。丰子恺先生曾说："你倘若仔细审视这种涂抹，便可知道这是儿童绘画本能的发现，笔笔皆从小小的美术心中流出，幅幅皆是小小的感性所寄托。"[1] 儿童画不是成人思想的复制品，而是儿童所思、所想、所感的表达。

所以，一幅好的儿童画应该是图像与情感的有机融合，如果将二者割裂，再美的图画也会没有了血肉，没有了艺趣童真。

二、绘画的本质

儿童绘画与成人绘画在本质上是相同的，都以人的感知活动为基础，承载着绘画者的思想，是绘画者精神世界的输出。

（一）绘画是儿童的认知活动

绘画基于感知活动，包含大量的认知发现与探索学习。儿童要把对世界的认识描画出来，在头脑中形成绘画的意图和思想，需要儿童认知活动的广泛参与。如果想让儿童画"交通工具"，儿童就需要有对交通工具的认识；如果想让儿童画"多彩的秋林"，儿童就需要有观赏秋天树林的经验。经验是儿童对世界的认识、感受、情感，是儿童绘画的基础；反过来，绘画也反映了儿童的经验。儿童画的是他们所看到的，儿童的"看"中蕴含着对物体整体特征的把握。

儿童不仅需要通过各种感官对所画事物进行观察、体验，唤起脑海中的表象，也需要有一系列将要表达的内容转换到画纸上的执行程序。儿童将存在头脑中的三维物体转换到二维画纸上，需要感知、注意、记忆的充分参与，需要卷入大量的心理过程。在这一过程中，儿童的感知、注意、记忆等能力不断得到提升，这些能力的提升反过来也将不断支持儿童绘画的发展。

（二）绘画是儿童对经验的组织和构造

儿童利用线条、图形来表达、交流思想的绘画过程实际上是儿童对信息的加工和处理过程。儿童的每一次绘画，都是对形象的重构和提炼。儿童绘画的过程既包括儿童对当前信息的加工处理，也包括对当前信息所唤起儿童原有经验的加工处理。

我们在美术活动中都进行过圆形添画，年龄小的 4 岁儿童会在圆形里添画分散着的几个图形，而年龄较大的 5 岁儿童可能会根据自己的经验，把它看成"花"的样子。这说明，儿童看到了图形之后，图形激活他们的经验，经验会影响儿童视觉图像的加工。儿童在看到图形之后，认为图形是什么就会改变图形的原有形态，把它变成自己所认为的样子。

所以，儿童绘画不是简单地照着已有作品的临摹过程，它始终伴有儿童对经验的主动加工。即使是让儿童照着范例去临摹，他们也不会画得和范例一模一样。儿童绘画的过程实际上是儿童主动学习的过程。

（三）绘画是儿童精神活动的产物

儿童画中很重要的一个方面就是体现绘画者，即"我"的思想、"我"的思维在这个过程的展开。可以说，绘画使儿童可以看见自己，让他们觉得可以掌控自己的生活。所以，无论我们站在成人作品面前还是站在儿童作品面前，都应当对他们用绘画元素表达自己思想的举动表达相同的尊重，尊重他们的绘画作品，关注其中的意义表达。

成人对儿童绘画作品中意义表达的关注，会使教育者转换思路，将指导儿童绘画的重点放在如何促进儿童自主表达能力的提高，而不是仅仅关注绘画作品画得像不像。我们必须牢记，写实不是儿童唯一或最好的一种表现形式，那些只见图像而不见儿童的作品评价标准，等于抽去了儿童的灵魂，把儿童变成了一个个僵化的工具。儿童绘画的独特性在于绘画中所蕴含的儿童的思想与情感。

三、基于绘画发展特点认识儿童美术

儿童的绘画发展大致要经过涂鸦、象征、图式等多个形式阶段。

儿童画最早期的形式是涂鸦。这种早期的涂鸦起初始于儿童手握画笔在画纸上留下的痕迹。起初是向下的动作带来的线条，随后出现左右横扫动作留下的水平线以及推拉运动留下的线条，这些属于无控制涂鸦。后来会出现像毛线团一样的螺旋线，这就进入了有控制涂鸦。对儿童来说，绘画的过程比绘画作品更重要。儿童在涂鸦的过程中会逐渐认识到"我"是可以"画"出一些东西的。他们获得了更多的绘画经验，比如积累了控制画笔的经验，积累了手眼协调的经验，这为他们后期画出可以识别的形状奠定了基础。

随着儿童绘画机会的增多，他们会偶然地注意到自己画出的痕迹与生活当中的一些东西很像。于是，在绘画之后，儿童会对自己的作品进行写实化的解释。当成人问"你画的是什么"时，他们会开始利用图像的形态特点去寻找在形态上具有相似性的经验来命名图像，给所画的东西赋予意义，这就是最初的"见形赋义"。这时候，图像与意义之间的联系是偶然的、随意的。所以当成人问"你画的是什么？"时，孩子们可能一会儿说是梯子，一会儿说是桥。

随着时间的推移，儿童会越来越注意到图像与意义之间偶然的相似性，他们接受自己"偶然"画出的东西代表着某些事物的愿望在不断增长，这种愿望引领儿童更频繁地画出具有表征意图的图画。在儿童产生了绘画表征的意图之后，他们需要完成的主要任务就是找到将意图转化为现实的方法。通常，儿童会画出一些封闭的形状，然后寻找在外部世界中与封闭形状相似的事物，将表征意图转化到画纸上，变成可以看到的图形。在这个寻找"等价物"的过程中，儿童画出的图像是象征性的，不是对物体的完全复制。当儿童能够明确地告诉我们画面中的图形是什么的时候，就说明他们已经知道画面上的图像是代表生活当中的某个东西，"我"想画的东西可以通过图画的形式表现出来。这时，图画对于儿童来说就有了意义，从而开启了儿童用图画来表达自己经验的历程。

在儿童寻找将意图转化为现实方法的过程中，由于动作能力和认知能力的局限，他们只能画出某些想到的细节，所描绘的形态多半是粗略的、不完全的、遗漏的。其中的典型代表是"蝌蚪人"，这些人往往有正确的眼、口，却有十分随意的手脚，也常常会忽略了鼻子和耳朵。

在四五岁，儿童开始真正地用绘画的方法有目的、有意识地再现周围事物和表现自己经验。比如，为了让观看者能够识别他们的绘画意图，他们可能会采用多视点构图的方式表现自己所了解的事物的最基本特征。同一幅画，乌龟的背可能是从俯视的角度进行绘画，而乌龟的脚则可能是从侧面的角度进行绘画。

这一时期的儿童还经常会画出一些带有模式特征的图像，房子、太阳、小鸟、花朵、蝴蝶等形象会经常地出现在儿童的绘画中，而且"长得样子"都很像。比如，蝴蝶形象可能都是椭圆形的身体，身体的左右两侧各用两个半圆形来表现蝴蝶的一对翅膀，两条弧线代表蝴蝶的触角，这种现象被称为"模式画"。这种"模式画"在一定程度上也反映了儿童想要画出让他人可识别图像的"诉求"。另外，此时的儿童还尝试用某些形象来代表一定的意义。比如，画面上画个太阳代表天空，在画纸的底部画一条线（基地线）则代表地面。通过太阳和基地线，儿童将三维的空间在二维的画纸上做了初步标定。

基于以上儿童绘画发展特点，我们有以下认识。

（一）儿童画得"不像"是正常的

从儿童绘画发展的进程和特点可以看出，不同年龄儿童的图画会表现出不同的特点，他们的绘画作品是随着年龄不断变化的。儿童由"画得不像"到"画出具有视觉写实特征的图画"需要经历一段时间，每个孩子的绘画表现也不是一成不变的。因此，年龄越小的儿童就越应该画"不像"，随着年龄增长，他们将会画得越来越像。教育者必须了解并认同这种发展的进程与特点，接纳不同年龄儿童的具有不同表征特点的作品。

在幼儿园小班幼儿的美术活动中，有些老师担心孩子画不出像模像样的东西，因而很少安排孩子进行绘画活动，而是安排更多的手工活动。我们不能因为孩子画不出什么成形的东西，就不让他们去画画。因为即使是处于早期涂鸦阶段的儿童，虽然他们的画面不够整洁、清晰，但其中包含了孩子自己想要表达的思想和意义，涂鸦期的绘画经验对儿童后期的绘画是很有帮助的。所以，我们应尊重这个时期幼儿绘画的表现方式，鼓励他们大胆作画，保持参与绘画活动的积极性，培养幼儿的绘画兴趣。如果我们关注的仅仅是孩子的画面图像，就会忽略孩子想要表达的思想和意义，久而久之，孩子就不愿意也不敢再拿起画笔了。

（二）儿童自身是其绘画能力向前发展的主要推动力

儿童绘画发展过程是渐进的，从"最初的没有表征意图—出现表征意图—希望画出别人能够识别的事物"的发展过程，反映出儿童才是其绘画能力发展的主要推动力，儿童的绘画发展一直受到儿童自身愿望的驱动。这种愿望促使着儿童对周围世界进行探索，不断地生成自己独特的描绘空间关系的表征系统。

儿童绘画能力的发展既依赖于他们认知能力的发展，也依赖于绘画经验的积累，儿童绘画表征能力的发展必须由儿童自己的探索和经历来完成。因此，儿童是其绘画活动的主体。他们会选择不同的方式来表征自己眼中的世界，儿童自身有表达的愿望，而这种愿望会推动儿童的绘画向前发展。这是我们开展绘画活动，为儿童绘画提供有效支持所必须明确和坚持的前提。

第二章　体验式美术教学的理论研究

一、体验式美术教学的提出

2012 年 9 月，教育部颁布了《3—6 岁儿童学习与发展指南》（以下简称《指南》），《指南》中明确指出："幼儿艺术领域学习的关键在于充分创造条件和机会，在大自然和社会文化生活中萌发幼儿对美的感受和体验，丰富其想象力和创造力，引导幼儿学会用心灵去感受和发现美，用自己的方式去表现和创造美。"[2]《指南》强调感受和体验、积累和观察，要求回归幼儿的生活和原有经验，这是对传统的幼儿园美术教学的一次观念的冲击。

随着幼儿教育改革的不断深入，教师们的观念也在不断发生着变化。主张"教"的老师开始思考如何才能让儿童进行个性化的表达，怎么样才能让儿童的作品有想象力和创造力。主张儿童自由画的老师认为"范画"只是貌似解决了儿童绘画活动中最终作品的问题，但实质上并未给儿童在艺术领域内的学习提供切实的支持，所以提出"儿童画就是儿童们的自由表达"，"儿童长大了自然就画好了"等主张。但是，即使是主张自由绘画的老师也还是会思考：教师到底要不要在儿童的绘画中发挥作用？如何发挥作用？所以，在幼儿园的美术教育实践中，无论教与不教，都让教师们纠结，也因此造成了他们在实践中对幼儿绘画束手无策的状况。

我们通过对近 300 名幼儿园教师进行问卷调查，发现：目前教师们在美术教学中存在的困难有三种：一是教法上的困难，对如何选择绘画主题、要不要示范、什么时候示范还存在困惑；二是评价和解读儿童绘画作品的困难，不知道如何改善教育行为；三是如何提升幼儿现象力和创造力方面的困难，不知道该给儿童的绘画活动提供怎样的支持。

要解决教师在实践中的困惑与纠结需要从三方面入手。一是要澄清理念认识。帮助教师跳出将儿童绘画束缚在成人评价体系中的局限，明确幼儿是其艺术活动的主体，重视幼儿的主动学习与自主表达。二是要深入了解幼儿绘画的发展过程及特点。帮助老师改变"不要学习和发展的过程，只单纯地注重作品美观"的观念，不将幼儿艺术能力的发展与其心理发展割裂开来。三是要明确成人需要为幼儿的艺术活动提供有效支持。这有助于教师正确看待自己在幼儿艺术活动中的重要作用，掌握引领和支持幼儿发展的教学方法，避免将幼儿的自发状态作为发展目标，从而陷入无为状态。

我们来看一组幼儿和成人的对话。

问：你喜欢画画吗？

小女孩答：喜欢。

问：你能给我画一幅画吗？

小女孩说：我不会画。

问：在幼儿园不画画吗？

小女孩说：在幼儿园老师教我们画，我自己不会画……

类似这样的对话在《指南》颁布以前常常出现。抛开范画的影响，我们是不是应该考虑这样一个问题：当儿童拿起画笔时面临的困难是什么？他们的"不会画"中蕴藏着怎样的求知渴望？带着这些问题，我们观察了很多儿童的绘画过程，我们发现，儿童所说的"我不会画"通常包含两个意思：一个是"我"不知道怎么下笔画，一个是"我"不知道该画些什么内容。

综上，我们认为，儿童的绘画发展需要学习。不要"范画"、把儿童绘画权利交还给儿童的主张，并不是等待儿童的自然成熟，也不等于成人放任不管。把儿童绘画交还给儿童，是要让儿童成为自己绘画活动的主人，掌控绘画的过程，自主地表达对世界的认识。自主的表达与随意的表达不同，自主体现了主体对自己活动的掌控，是以能力为基础的对自己愿望、意图、想法的实现。儿童绘画过程中所需要的经验和能力的发展都需要成人提供支持。无论是教师还是父母都要避免以让儿童"自由发展"为借口，对儿童的发展无所作为的行为。就是说，我们既需要尊重儿童的绘画特点，也要为他们的发展"保驾护航"。

基于以上认识，我们提出了"体验式"教学法，就是尊重并保护幼儿表现与创造的内在动力，多方位、多元化地为幼儿创设感知美的环境，给予幼儿体验美的机会；充分利用多种手段，引导幼儿自觉建立起良好的审美体验[3]，培养支撑美术活动的核心认知能力；形成表现美和创造美的强烈兴趣，激发艺术情感，为幼儿的未来发展奠定良好的基础。

二、体验式美术教学的研究依据

（一）国外体验式教学的相关研究

1. 关于体验式教学的思想追溯

国外关于体验式教学的研究，始于古希腊时期思想家苏格拉底的"产婆术"。苏格拉底提出，人的知识和智慧存在于头脑中，教育者只能如助产士帮助产妇生子那样去启发和引导学生发现真理与获得知识，绝不能代替学生思考和学习。[4]"产婆术"通过讽刺、助产、归纳、定义四个教学环节，引导学生通过问答、辩论的方式主动学习，在发现、思考、探索中获得真知。17世纪，捷克著名的教育家夸美纽斯认为，"知识永远必须来自感官，教学从观察事物开始"，"让每一件事都通过个人的实践学习"[5]，这表明，夸美纽斯已经开始注意直接感知与亲身体验的重要性。

体验式教学进入学校学科领域可追溯到20世纪初。20世纪二三十年代的美国，针对"课堂上传授课本知识的单一教育方式",不少教育心理学家提出了"经验学习"的课题。美国著名教育家杜威是经验主义教学思想的典型代表之一。对于知识经验,杜威认为:"经验不能理解为对外在世界的精神表象的接收,它主要是生命体与环境中的其他要素之间进行互动的行为。"[6] 在杜威看来,经验是与人的生命活动紧密地联系的。人在与自然、环境、社会不断地相互作用中,不断地改造与重组经验,获得新经验。经验不只是一种认识,而是人对环境的欣赏、崇拜、体验、喜悦、探究、认识的整合。人的情感、意志等是经验更重要的内容。[7] 对于教学方式,杜威提倡,进步学校的教学应该"以表现个性和培养个性,反对从上面的灌输;以自由活动,反对外部纪律;以从经验中学习,反对从教科书和教师学习;以获得为达到直接需要和目的的各种技能技巧,反对以训练的方法,获得那种孤立的技能和技巧;以尽量利用现实生活中的各种机会,反对为或多或少遥远的未来做准备;以熟悉变动中的世界,反对固定不变的目标和教材"[8]。由此可见,杜威将学生作为一个完整的生命体对待,而不仅仅是一个单纯的认识体。对于儿童的学习,杜威认为"做中学"更能够满足儿童生长的需要,强调知识获得的"探究实践过程"。

20世纪80年代初,美国凯斯西储大学维德罕管理学院教授大卫·库伯融合了杜威的"经验学习"、勒温的"群动力学"、皮亚杰的"认识发生论"等思想,正式提出了体验学习理论。他在《体验学习:让体验成为学习和发展的源泉》一书中,构建了经典的体验学习的四阶段模型。他认为,体验学习的过程由四个阶段所构成:具体体验—反思观察—抽象概念化—主动实践。即学习者在亲身体验之后,通过反复思考和理解把所体验到的事物总结归纳为具有逻辑性的概念,从而再次指导实践的循环往复的过程。[9]

2. 关于体验式教学的实践探索

国外学者们对体验式教学的实践探索,源于"二战"后德国科翰博士提出的"改善船员应对海上多变气候能力"的训练计划。1941年,科翰运用此培训方式,在英国建立了世界上第一所旨在提高管理者和企业家素质与管理能力的"户外学校"。户外学校的体验式培训形式引发了教育界对采用新教学方法进行教学的兴趣。美国联邦政府教育部将户外学校的培训过程融入学校的教育中,并逐步推广到了其他国家。1989年,美国促进科学协会发表了《面向全体美国人的科学——2061计划》,强调亲身体验的学习原则和因材施教。1996年7月,日本教育审议会发表的第一次咨询报告,从培养"生存能力"的高度提出了体验教育的重要性。2000年6月,法国教育部颁布了"有指导的学生个人实践活动"TPE实施方案和《2000年初中改革行动》,在实践中全面推进课程和教学改革。[10]

近年来,国外许多幼儿园也在实践"体验式教学"的理念。德国和英国"森林幼儿园"，将学习场所设置在自然环境中，提供定期的户外体验和实践机会，培养幼儿全面的素质能力。日本幼儿园则通过让幼儿参与一系列诸如在寒冬裸跑、在山涧中走绳索等磨砺意志的体验活动，从而培养幼儿吃苦耐劳的精神和坚忍不拔的品质。[9]

3. 关于体验式教学在学前美术教育领域的研究

虽然国外对于体验式教学应用于幼儿美术领域的研究不多，但有很多思想值得借鉴。

（1）卢梭的自然主义美育思想。18世纪法国启蒙思想家卢梭提出，让孩子在生活和实践中"体验学习"，借感官获得初步的情感体验，在此基础上建立理性认知，把握真正属于自己的知识，形成独立的判断力。[11] 他曾说："我希望摆在他眼前的是原件而不是画在纸上的图形……我要使他经过屡次的观察，把他们的正确的形象印在他的心中，以免拿一些稀奇古怪的样子去代替事物的真正形象，而失去了比例的观念和鉴赏自然的美的能力。"[12] 卢梭自然主义美育思想对我们进行体验式美术教学大有裨益，它启发我们：要理解并尊重幼儿在美实践中的主体性；注重美育内容的生态性，从自然和社会生活中扩展体验式美术活动的内容；要坚持"生活审美化"的思路，激励美育过程的情感性。

（2）里德的"工具论"美育思想。20世纪，英国艺术教育家赫伯·里德在其著作《通过艺术的教育》中，提出了健全人格的艺术教育思想和自然、自由、民主的艺术教育教学策略。里德认为，艺术教育要让学生表现天性，展示个性，教师不能压制这种自然流露的天性。在美术创作中，不能以美术技术性要求学生，要让学生在自由的创作中获得愉悦与审美。[13] 里德关于美术的教育主张启示我们：体验式美术教育的目标要突出全人的教育，即通过美术教育使儿童获得积极的情感、良好的情绪，从而促进幼儿良好人格的形成。同时强调关注每一名幼儿的差异，尊重幼儿的表达，呵护他们自我表达的权利。

（3）罗恩菲德的进步主义美育思想。美国美术教育界的泰斗罗恩菲德认为："艺术只是一种达到目标的方法，而不是一个目标。"他把儿童美术创作看作他们心智成长的反映，即感情成长、智慧成长、生理成长、知觉成长、社会成长、美感成长、创造性成长的反映。在论述"感情成长"时，罗恩菲德提出："一位感情未受压抑的儿童，在应付自我经验所产生的困难时，会觉得安全和自信。他会密切地体验它们，而在面对不同材料和媒介所产生的突发情况时，能很轻易地产生调整反映。"[14] 在论述"创造性成长"时，他提出："经验范围的扩大，是艺术教育中的一项重要原则。儿童的美术活动与他们的经验有着密切的关系。一个儿童如果在美术的表现上出现了问题，可能不是因为技巧的障碍，而是由于经验范围的局限。"[14] 基于此，体验式美术教学提倡教师为幼儿提供丰富的生活环境及多样的教学情境，丰富幼儿的感知，满足幼儿情感体验的需要，尊重幼儿自身发展规律，承认幼儿自身发展潜能，突出个性化的评价及幼儿的自主表现。

（4）艾斯纳课程主义美育思想。美国美术教育家艾斯纳是"学科中心"主义和"学生中心"主义的综合者，他在课程结构研究中创造性地指出了指导性标和表现性目标两个重要概念。他提出："任何一项将艺术首先作为为其他目的服务的工具的教育计划都会冲淡美术的意义。美术不应屈尊于服务其他目的。""指导性目标有可能沦于缺乏感情。学生可能被要求做一些他认为毫无意义的事，而仅是为了发展技能。这种缺乏感情的结果使艺术成为对师生双方来说都是机械、无意义的课程。相反地，学生可能被要求以他们无力控制的材料来表现。结果导致材料'控制'学生，学生因为竭力应付技能的要求，而自信感挫折，几乎没有能力或愿望来把材料当作表现工具。"[15]艾斯纳认为美术能力不是自然发展的结果，而是学习和教育的结果。要有周密的课程设计而非随心所欲地进行教学。因此，我们的体验式美术教学，要在遵循幼儿发展规律的基础上，提供丰富的环境促进幼儿感知经验的自我建构。同时，尊重艺术教育本身发展规律，在此基础上适度地支持、合理地引导幼儿，促进其发展。

综上，国外在体验式教学的研究上，无论是理论研究，还是实际应用都颇有深度，这为我们在美术领域推行体验式教学提供了坚实的理论依据，对幼儿园的体验式美术教学策略和模式的研究有重要的启发与指导意义。

（二）国内体验式教学的相关研究

1. 关于体验式教学的思想追溯

（1）古代体验式教学思想。体验教学思想在我国有深厚的历史渊源，古代多位教育家、思想家的论述中都蕴含了体验式教学观。

先秦著名的教育家、思想家孔子曾说："多闻，择其善者而从之，多见而识之，知之次也。""不愤不启，不悱不发"[16]。孔子注重学思并重、传习结合，强调了学习者要充分调动多种感官，多听、多看、多问、多思，通过亲身经历获得直接经验。先秦道家代表老子和庄子的"道法自然"[17]，"因其固然"，"一而不党，命曰天放"[17]等思想，表现出他们对人的自然本性的充分肯定，在教育中要遵循的"道"，即顺应人的自然之性。

南宋时期著名的教育家朱熹在其读书方法论中提出，"读书穷理，当体之于身"。读书不可只专在纸上求礼义，须反过来就自家身上推究。"从容乎句读文义之间，而体验乎操存践履之实，然后心静理明，思意味。"[18]朱熹提出的读书学习要"切身体察"，"致知"要与"笃行"结合。要结合自身的生活体验，在实践中领悟书中的真谛。朱熹对读书方法的独到见解，对体验式教学的启示不容小觑。

明代思想家王阳明强调："知是行的主意，行是知的功夫；知是行之始，行是知之成。""夫学、问、思、辨、行，皆所以为学，未有学而不行者也。"[19]王阳明非常重视实践，强调效果。主张"践履躬行"，"事上磨炼"。在对儿童的教育上，他提出："夫学贵得之心，求之于心而非也，虽其言之出于孔子，不敢以为是也。"[19] 主张教师在教学中应引导儿童"各得其心"，不能压抑、束缚儿童的思维。这与我们现今所提倡的"体验式教学"的思想不谋而合。

清初的教育家颜元在借鉴孔子的教育思想之后，提出"习行"的教学方法，他认为："心中醒，口中说，纸上作，不从身上习过，皆无用也。"[20] 他强调在教学过程中要联系实际，要坚持练习和躬行实践，认为唯有如此，学得的知识才是真正有用的。这对我们"体验式教学"所提倡的"参与"与"经历"有深刻的启发意义。

（2）近代体验式教学思想。在我国近代一些学者们的观点论述中，也可以看到"体验"思想的端倪。生活教育理论家陶行知先生从中国的国情出发，在批判地吸收杜威"教育即生活""学校即社会"教育思想的基础上，以王守仁思想"行是知之始，知是行之成"为理论依据，形成了"生活即教育""社会即学校""教学做合一"的教育思想。他认为："生活教育是生活所原有，生活所自营，生活所必须的教育"；"教学做是一件事，不是三件事。我们要在做上教，在做上学"[21]；"应当将校门打开，运用社会的力量，使学校进步"。[22] 陶行知先生强调教和学要以实践为基础，突出了要让学习者在生活实践中将知识内化于心以及融会贯通的思想。按照陶行知先生的观点，教育应该延伸到大自然和社会生活的各个方面，联系生活和实践，手、脑、心并用，知、行、意合一。这对幼儿园美术教育同样适用。

幼儿教育家陈鹤琴先生在其"活教育"的思想中提出"大自然、大社会都是活教材"，提倡"做中教，做中学，做中求进步"。主张课程要"把大自然大社会做出发点，让学生直接对它们去学习"。在教学上要求"凡儿童自己能够做的，应当让他自己做"，"凡儿童自己能够想的，应当让他自己想"，"鼓励儿童去发现他自己的世界"。[23] 陈鹤琴的"活教育"思想，不仅突出强调了学习者的主体性，而且也强调了亲身实践的重要性。他所倡导的"做"包含动手做、耳闻、目睹、思考、探究等众多与"体验"相关的活动，为我们走出传统美术教育的困惑，提供了可借鉴的宝贵财富。即教育者要确立回归儿童生活经验的美术教育观，以儿童为学习主体，在实践中主动学习。

（3）现代体验式教学思想。虽然我们能在古代和近代一些思想家和教育家的论述中看到"体验教育"痕迹，但体验式教学作为政策文件被正式提出是在现代社会。1999年，在全国第四次少代会工作报告中，中国少年先锋队全国工作委员会鲜明地提出了"在实践中体验"的教育思想 [10]。2001年11月年，中华人民共和国教育部颁布了《幼儿园教育纲要（试行）》（以下简称《纲要》），其中，"内容要求"和"组织实施"部分均涉及体验教学的思想。《纲要》指出："引导幼儿接触周围环境和生活中美好的人、事、物，丰富他们的感性经验和审美情趣，激发他们表现美、创造美的情趣。"[24] 《纲要》注重幼儿审美经验的丰富，提倡让每个幼儿都得到美的熏陶和培养。体验式美术教育是依据《纲要》精神提出的，它强调以幼儿为主，强调回归幼儿的生活和原有经验，在幼儿亲身感受中探索体验事物本质，积累经验，表达感受，从而迸发"动之以情、感之于心、思之于形、联之于境、赋之以美"的艺术情感，最终达到愿说乐画的境界。

2012 年 10 月，教育部颁布了《3—6 岁幼儿学习与发展指南》（以下简称《指南》），其内容愈发体现了体验式教学的理念。《指南》中提出："要最大限度地支持和满足幼儿通过直接感知、实际操作和亲身体验获取经验的需要"，"幼儿艺术领域学习的关键在于充分创造条件和机会，在大自然和社会文化生活中萌发幼儿对美的感受和体验，丰富其想象力和创造力，引导幼儿学会用心灵去感受和发现美，用自己的方式去表现和创造美"。同时也提出："提供丰富的材料，让幼儿自主选择，用自己喜欢的方式去模仿或创作。根据幼儿的生活经验，与幼儿共同确定艺术表达表现的主题，引导幼儿围绕主题展开想象，进行艺术表现……"[2]《指南》要求教育要"过程化""生活化""经验化""活动化"，强调教育主体的自主性和能动性，强调儿童只有通过动手操作、感官体验、主动探索的自我建构，才能更好地获取知识。我们都知道，如果活动的主题远离幼儿的直接经验，他们就会失去自主权，行动完全地依赖教师的指挥。在体验式美术教育活动中，教师是幼儿活动的观察者、支持者、合作者、欣赏者。教师和幼儿在共同探索新知识并相互作用的过程中，引导幼儿在轻松愉快的环境、可供选择的活动材料中去感受生活、体验生活，使幼儿的体验学习、自主发展成为可能。

2. 关于体验式教学的实践探索

（1）体验式教学在相关学段的研究。我国体验式教学的实践探索起步比较晚。从笔者以"体验式教学"为篇名在知网检索的结果可以看出，最早关于"体验式教学"的文献起始于 1994 年的《澳大利亚警察训练采用体验式教学简析》[25]。其后，关于体验式教学的研究大多集中在高校、初中、高中教育阶段的体育、英语、德育、语文、地理等学科。其中，体育教学最初主要是针对跳远、跨栏、拓展训练等的研究，后来扩展到了小学、初中、高中的体育课程。英语教学主要是通过互动体验、情境体验、情感体验、交流体验、生活体验等方式提高英语教学效率。德育教学从创设体验情境、设计导思问题、陈述内心感受、进行实践检验四个方面提出了构建体验式教育模式的基本思路。[26] 语文教学提出通过积累、自学、选择、评价等方式让学生在阅读中体验文章呈现出的意境和情感。[27]

（2）体验式教学在学前阶段的研究。学前阶段最早关于体验式教学的文献始于 2006 年李学翠撰写的《幼儿园体验式教学研究》，她对幼儿园体验式教学的含义、理念、价值进行了系统的理论阐述，对其目标、内容、评价、教学组织形式上的特点进行了理论和实践上的分析，并提出了"创设幼儿参与体验的教学情境；鼓励幼儿在活动中主动体验；重视幼儿在活动中的表达和交流；建立师幼间和谐对话关系"的教育策略。[7] 随后，韩雪在其硕士论文《大班幼儿音乐体验式教学的策略研究》中，针对大班幼儿音乐教学存在的问题，提出准备、实施、评价的促进策略，即加强幼儿园的培训和宣传、提高教师自身素养和经验、亲手制作音乐素材、音乐内容生活化、音乐情境经验化的准备策略；体态律动、重复体验、音乐情绪体验、支架式指导语、综合性活动音乐体验、指令式音乐常规培养、浸入式音乐欣赏体验的实施策略；注重差异性、缄默性、多元化的评价策略。[28] 李超在其硕士论文《在幼儿园大班社会教育活动中体验式教学应用的研究》中，针对幼儿园大班社会教育活动中体验式教学在应用过程中存在的不足，从幼儿园管理层面与幼儿园一线教师两个角度，提出一些有价值的操作性建议。[29] 由此可见，体验式教学在学前阶段的研究主要分为两类：一类是关于幼儿体验式教学的涵义、价值、特征等方面的理论研究；一类是关于幼儿体验式教学在各领域课程中实施策略的应用研究。

综上所述，虽然体验式教学在各个学段都已有相关的理论研究以及实际应用研究的案例，但是由于学前阶段的体验式教学起步较晚，因此还缺乏深入的理论探索和实践。

3. 体验式教学在美术领域的研究

（1）体验式教学在相关学段美术领域中的研究。体验式教学在小学阶段和中学阶段美术领域的研究多最初集中在美术鉴赏活动中的策略研究。2010 年，钱梦华提出了"课前经历、课中体验、课后探索"美术欣赏教学体验式策略。[30] 2017 年，彭春梅在高中美术鉴赏课堂上实施体验式教学，通过回归生活、挖掘教材、开展社会实践活动，加强学生的情感体验。[[31] 2020 年，刘名俊从创设情境、开展活动、引导联想等方面出发，将体验式教学渗透到每个教学环节中，切实培养学生的美术鉴赏能力。[32] 随后，体验式教学应用开始涉及其他类型的美术活动中。2017 年，唐信霞提出小学美术学科"课前体验—课堂体验—课堂外体验"的教学策略。[33] 2022 年，曹芳从"教学氛围、教学资源、教学活动、教学过程、教学方法"等方面，提出了核心素养下小学美术体验式教学对策。[34]

（2）体验式教学在幼儿园美术领域中的研究。学前教育阶段的体验式美术教学研究相对较少，相关研究还处于探索阶段。笔者以"幼儿园体验式美术教学"在知网上的检索，仅有 26 篇文献。

2014 年，王俊等在《体验式幼儿美术教学组织形式初探》中，结合伯纳德·施密特教授的"战略体验模块"将体验细分为感官体验、情感体验、思考体验、行动体验、关联体验五个维度。[35] 2015 年，徐燕在《幼儿园体验式美术教学策略研究》中提出了"多通道感官体验""作品多样化体验""互动性体验""多种教学情境体验"等教学策略，提高幼儿美术教学的有效性。[36] 2017 年，田力力在《幼儿园体验式美术教学策略的行动研究》中，以《恐龙》《我们美丽的家乡——兰州》和《我自己》三次单元主题式的教学活动为例，提出了"感知、沟通、融情"体验式策略应用。[37] 2018 年，徐楠在《体验式教学在幼儿园美术教学中的应用研究》中，提出了"感官体验""情感体验""认知体验""实践体验""社会体验""评价体验"六种应用策略。[38] 2020 年，王静在《体验式教学在儿童美术教学实践中的应用》中，将体验式教学与具身认知相结合，充分运用多感官体验、行动体验、情感体验、联想体验开展水墨画《功夫水墨》教学，体现快乐学习的教学理念。[39]

综上所述，体验式教学在美术领域尤其是幼儿园美术领域的实践探索起步较晚、数量较少，大多研究还只是停留于表层，缺乏更深层次的实践探索。同时，相关研究中的概念界定十分模糊，不够清晰和明确，以至于研究出现了多样化、差异化的结果。笔者认为，幼儿体验式美术教学的研究还有很多值得挖掘的地方，希望能构建符合幼儿发展的规律和特点的美术教学策略，最终使幼儿实现对当前经验进行高效建构，从而提升幼儿的美术素养。

三、体验式美术教学概论

(一) 体验式美术教学的概念界定

1. 体验的概念

据《辞海》考证，"体验"一词的语义较早出自《荀子·修身》："好法而行，士也；笃志而体，君子也。"此后又有《淮南子·氾论训》："故圣人以身体之。"[40] 在这里，"体"具有"行动、实践、实施"的意思。在《现代汉语辞典》中，"体验"被解释为"实践领悟；通过亲身经历来认识周围的事物，从而获得经验"[41]。

"体验"涉及哲学、心理学、教育学等多个领域。在哲学的范畴中，体验是主体在认识客体的过程中与客体之间的一种特殊的关系状态[42]，认为体验是主体转化所获得的外界信息，从而内化于心的一种亲历过程。在心理学的范畴中，"所谓'体验'，就是指人对外界各种刺激作出的一种心理反应，它常常以情绪的方式变现出来，所以又称情绪体验"[43]。这里的"体验"与情绪情感紧密相连，是对情感的觉察认知，强调对事物的真实感悟和深切理解。教育学领域中"体验"的内涵，差异颇大。"情感意义说"注重情感情绪在体验中的重要价值，强调在对事物产生感情的基础上生成有价值的活动；"活动说"认为，体验兼具动词和名词的词性，既是一种活动，又是活动的结果，是主体知情意行的亲历和验证；"生命说"认为"体验"是一种生命历程与生命过程；"感受—领悟说"认为"体验"是主体的一种感受、领悟。

根据以上论述，我们所认为的"体验"，是指个体在亲身实践、亲身体察的过程中认识事物，切身经历生活。既包括亲身经历，也包括在经历中所获得的认识、感受、体会、理解和情感。

2. 体验式教学的概念

"体验式教学"一词最初是从美国教育家大卫·库伯的"体验式学习"理论中演变而来的。国内学者们大多认为，体验式教学概念涉及的关键词为体验、实践、环境和经历。[44] 其中，杨四耕学者的解释较为经典，他从宏观、中观以及微观三个层面进行阐述，将体验式教学的概念分别界定为：一种充分重视人自身主体精神的教学价值观；一种以师生在体验中共同发展与进步为宗旨的教学方法论；一种以"体验"为核心达到教与学目的的基本策略和方法。[45] 国外学者斯特恩·查普曼（Steve Chapman）认为："体验式教学是一种让学生积极参与探究那些他们认为有价值的问题，并且让他们通过感知和思考学到知识的一种教学方式。"[9] 井晶认为体验式教学蕴涵着"做中学"的精髓，即"凡是以活动开始的，先行后知的，都可以算是体验式教学"[9]。

通过对上述概念进行梳理，我们认为，体验式教学是教师在尊重幼儿个体差异的前提下，激发幼儿主动探索、自主学习的愿望。以儿童感知、体验为主要学习方式，让儿童在亲身实践、亲身体察的过程中认识事物，从而获得积极的认知体验、情感体验、行为体验，促进儿童良好个性品质的提升。

3. 体验式美术教学的概念

体验式美术教学主要针对的是幼儿园的美术集体教学活动，是以幼儿的积极参与、身心投入为前提，以幼儿的自主体验和自我体验为核心，以促进幼儿身心和谐发展为目标的教学；是幼儿联系自己的生活经验，凭借自己的情感、直觉、想象等去直接地、直观地感受、体味、领悟，实现再认识、再发现、再创造的过程。它强调幼儿在学习中的"参与"和"经历"，强调幼儿在参与过程中的"实践"和"内化"；既注重幼儿外在的探究操作，也注重幼儿内在的内心感悟。

（1）探究操作。这是一个探究发现的过程，既有身体的体验又有技能方法的体验。身体体验是幼儿充分调动感官，探索发现大自然以及社会中一切美的事物，认识了解事物的特点与变化规律，头脑中积累丰富的表象经验。

技能体验是教师为幼儿准备各种材料，使幼儿在与材料的探索互动中，了解材料的特性、掌握使用方法，获得绘画的基本技能。如水墨画中，教师不是灌输式地去教幼儿怎么运笔，怎么表现浓淡墨色，而是让幼儿在与材料的互动中掌握使用毛笔的技巧，发现色彩和墨色的变化规律，自然地达到掌握知识和技能的目的。如水粉画中，幼儿在不断的对点画、蘸色的尝试和探索中自然地掌握使用水粉笔的方法，感受色彩叠加的美妙变化。

（2）内心感悟。这是情绪情感体验的过程，也是感悟内化的过程。幼儿在亲历体验中，将外在的经验转化为内在的感受。幼儿在观察中发现物品的丰富种类，在与身边的人的互动交流中感受浓浓的亲情，在欣赏大师的作品和民间艺术作品时感受传统文化的魅力，在大胆创作中感受创造的快乐等。

（二）体验式美术教学的核心理念

1. 突出主体

美术是幼儿的另一种语言，是幼儿自我表达的重要方式。所以，幼儿在创作过程中，教师要注重其主体地位的发挥。

（1）学习过程中突出主体。教育家波利亚曾经说过，学习任何知识的最佳途径都是由自己去发现，因为这种发现理解最深，也最容易掌握其中的规律、性质和联系。[46]体验式美术教学强调：幼儿的学习过程是一个自我发现的过程，幼儿用自己的方式感知、观察、理解事物发展变化的规律。教师要搭建必要的台阶，支持幼儿的想法与做法，引领幼儿在探索发现中获取经验。

（2）教学内容与形式的选择上突出主体。首先，在内容的选择上、主题名称的确定上注重为幼儿留有想象创作的空间，便于幼儿进行多角度思考。比如，"笑脸"就不如"爱的微笑"创作空间大；"美丽的秋天"就不如"多彩的秋林"的内容更具体；"我的朋友"就不如"我和朋友的故事"亲切生动等。其次，在表现形式上突出主体性。每次创作活动，我们都会为幼儿提供多种工具材料：不同的画笔，如水溶性炫彩棒、油画棒、爆米花笔、毛笔、排笔等；不同质地的纸，如白色素描纸、沙皮纸、刮画纸、卡纸等。支持幼儿选择不同的绘画形式进行创作，体验自主不同绘画形式产生的不同效果。

（3）作品评价中突出主体。在评价幼儿作品时，我们鼓励幼儿大胆与同伴、老师交流分享自己的作品，欣赏他人的创作，表达自己的感受和理解。在这种交流互动中，幼儿是评价的主体。教师通过耐心倾听、细致观察，了解幼儿的想法、对事物的理解和感受。

2. 注重实践

体验式美术教学强调活动的实践性和幼儿的参与性，让幼儿在大自然、生活、游戏等实践参与中积累丰富的感知经验。

（1）到大自然中感知艺术。欣赏大自然原生态的美，是帮助幼儿积淀艺术素材的最直接的方式。在体验式美术教育实践中，我们带领幼儿走出活动室、走出幼儿园。春季在大自然中感受万物复苏的景象；夏季到植物园感受花海的绚烂；秋季在田野里感受采摘果实、捡拾落叶的快乐；冬季感受冰雪世界的美丽。幼儿在参与中感受大千世界的奇妙，在看、玩、做、说中积累丰富的感性经验。

（2）在生活中体验艺术。丰富的经验是从事艺术创作的原材料。试想，如果幼儿从没有见过大海，他能画出大海的生动吗？所以，在体验式教学实践中，我们注重绘画与幼儿活动的紧密结合。首先创设条件、提供机会丰富幼儿的生活体验，然后在体验的基础上再引导幼儿进行创作。例如，郊游后画"愉快的春游"；参观完超市后画"热闹的超市"等内容。事实证明，幼儿有了丰富的感受，才有能力把生活中的具体形象真正深刻地表现出来。

（3）在游戏活动中感受艺术。幼儿有时虽然对事物有了一定的了解，但到了表现时还是笼统模糊。所以，为了让幼儿对所表现的事物了解得更加深入，我们采取游戏体验的形式，帮助幼儿理解和感受。在画长大的小草时，我们请幼儿扮演种子从泥土里钻出来，用身体表现直直草、弯弯草、扭扭草，感受小草长大后不同的外形特征；在画"小手变变变"时，我们带领幼儿玩有趣的手影游戏等。在有趣的游戏中感受、体验，加深了幼儿对物体形象的理解和把握，也更好地强化了幼儿通过画笔表现世界、表达自我的能力。

3. 体现尊重

罗里斯·马拉古齐提出，孩子是由一百种组成的，孩子有一百种语言，一百只手，一百个想法，一百种思考、游戏、说话的方式……我们要充分尊重幼儿的表现、尊重幼儿的选择、尊重幼儿的不同感受。

（1）尊重幼儿的主体感受。每名幼儿都是与众不同的个体，兴趣、能力、爱好迥异。即便是在同一个场景中，面对同一件作品，幼儿的感受也是不一样的。所以，在教学中教师要采取鼓励、接纳和引导等交流方式，接纳和允许幼儿与众不同的感受和创意。例如，当幼儿参观完超市谈自己的感受时，幼儿的感觉是不同的：有的幼儿感到是热闹的，有的幼儿感到超市的水果和蔬菜很新鲜、很馋很想吃，而有的幼儿感到人很多、空间很大很害怕，有的幼儿感到超市里海鲜区很冷、有一股腥味儿。面对幼儿的不同感受，教师不能一味地否定，而是要敏感地捕捉其创造思维的闪光点，加以科学有效地引导。

（2）尊重幼儿的自主表现。幼儿的感受是不同的，自然他们的表达表现也不尽相同。我们要尊重幼儿在活动中的表现，把注意力更多地集中于关注幼儿的作画过程、幼儿画面背后所反映的思想情感等方面。例如，孩子画了一个绿太阳，问他为什么，他会高兴地告诉你天气太热，画个绿太阳让大家凉快一下。再如，幼儿拓印添画小乌龟，只有四肢没有头，当你问他原因，他会告诉你，小乌龟正在和水里的鱼儿打招呼呢，头伸到了水里，所以看不到。对于幼儿来说，绘画没有对与错、好与坏、像与不像之分，教师允许幼儿能够"自圆其说"会极大地激发幼儿的创作热情。

（3）尊重幼儿表达的需要。表达是美术教学中不可或缺的一部分，这里的表达包括两层含义：一是外在行为上的表达；二是语言的表达。活动中，我们给幼儿充分表达的机会，尤其注重满足幼儿行为上的表达愿望。比如，在绘画前期新材料的探究阶段，我们会为幼儿提供数量充足的绘画纸张，满足幼儿探究体验的需要，让幼儿在尽情的涂抹、把玩中感受材料的特性，获得必要的操作技能，为后期幼儿创造性地自主表现做铺垫。在语言表达方面，由于幼儿绘画内容表现的都是自己的所思、所想、所感，所以，幼儿很愿意将自己的画讲给同伴听。这样，我们为每个班都增设了展板，幼儿的创造作品随时展示在展板上，利用生活环节的时间讲给同伴和爸爸妈妈听，从而最大程度地满足了幼儿表达的需要。

4. 提倡支持

幼儿的"主动学习"需要教师主导作用的参与和发挥，因此，我们在充分给幼儿自主权、尊重幼儿自己的艺术表现天赋和表现方式的基础上，强调教师引导作用的发挥。

（1）多元化的前期体验支持。幼儿只有对事物有了深刻的观察和理解，才能画出丰富的、有情感、有生命的事物来。因此，我们在创作前会有目的地引导幼儿进行观察，在观察中发现事物的特点和规律，为幼儿的丰富表现搭建台阶。例如，在组织幼儿画房子前，先引导幼儿观察各式各样的房子，感受房子造型的多样和奇特；再通过引导幼儿从整体到局部层层递进的观察，把握房子的主要特征，发现房子的变化规律等。

（2）聚焦式的中期体验支持。幼儿的能力是不一样的，活动中的表现自然也各有不同。教师要针对幼儿的表现，有目的地进行个性化指导。例如，面对画着画着就翻面重新画或又去换另一张纸的不自信幼儿，教师最好的支持就是肯定，了解其不满意的地方，帮助其发现作品的优点，引导他们将错就错、巧妙变通，重构幼儿的自信。面对绘画内容过于单一的观察不细致的幼儿，教师可以引导其有重点地进行观察，发现事物之间的差异。面对画面表现狭小、拘谨的幼儿，教师可以鼓励幼儿运用粗犷的笔或采取先局部后整体的形式，如画人可以先画五官再画头，画汽车时可以先画车轮再画车身的方法，帮助幼儿大手笔地作画。

（3）链接式的后期体验支持。绘画后的讲评环节是美术课程的重要组成部分，一方面教师通过幼儿的讲述可以深层次地解读幼儿的作品，了解幼儿的所思、所想；另一方面，借助讲评环节，教师可以帮助幼儿总结经验、提升规律。如幼儿创作《热闹的菜市场》，教师根据幼儿的构图形式，分组展示幼儿的作品，这样使幼儿一目了然地了解到原来构图有许多种，横构图、竖构图、十字交叉构图等，为今后丰富的构图积累了相关经验。

5. 强调整合

绘画是幼儿独特的表达方式，它与各个领域之间有着密切的联系。体验式美术教学通过感知体验、审美体验、创造体验等有效途径，实现艺术与各领域教育的融合。

（1）在体验中提高认知能力。在美术教学中我们主要采取两种形式进行体验，一种是在日常生活中的感知体验。他们通过感知身边的人，了解各行各业的特点、人与人之间的关系，感受人与人之间的亲情、友情；通过感知身边的事，参与做事的过程，体验做事的快乐。另一种是通过主题活动开展系列的观察体验活动，使幼儿了解自然界的科学现象，了解动植物的生长环境与变化规律，感受到物质世界的丰富多样。

（2）在体验中形成健全人格。生活中不缺乏美的事物，关键在于如何发现与认知。我们将美的行为、美的事物、美的作品都纳入美术课程中，通过审美体验，陶冶幼儿的情操，提高幼儿感受美、发现美、表现美的能力。第一，创设审美环境，使幼儿感受美的氛围，发现美的规律，获得审美愉悦；第二，利用生活环境感受美，感受周围环境的美、建筑的美、服饰的美、装饰的美，使幼儿有一双发现美的眼睛；第三，利用生活和文学故事感受行为的美，感受爱的情感，陶冶幼儿的情操；第四，通过欣赏大师的作品，了解表现美的元素，激发幼儿表现美的欲望，提高幼儿的审美情趣和审美创造力。

（3）在体验中获得成功与自信。美术活动是幼儿获得自我满足感的最佳舞台之一，幼儿在美术活动中，尽情地将自己的感受挥洒出来。他们通过自己的画笔，运用掌握的技能，表现美的事物，传递美的情感，刻画美的行为。在这一过程中幼儿的情感得到升华，内心体验到愉悦，感受到了成功与自信。

（三）体验式美术教学的价值追求

1. 教育目标追求全人的教育

绘画活动是幼儿内心的独白。幼儿通过对各种知识和经验的重新组合，创造性地表达自己的内心世界，在感受美、表现美的过程中体验审美的愉悦和创造的快乐。所以说，美术活动对幼儿想象、创造、表达能力的发展及健全人格的形成具有重要作用。基于此，我们将体验式美术教育目标定位为以美启智、全面发展，即通过美术教育，丰富幼儿的感知、激活幼儿的思路、启迪幼儿的智慧、陶冶幼儿的情操，达到以美启智、以美储善、以美育人的目的。

2. 教育内容追求生活的感悟与体验

对幼儿来说，熟悉的事物更容易引发他们的好奇心和求知欲。我们以幼儿的生活世界为根基，把生活变成孩子美术探索的课堂，引导幼儿全面地感受生活中各种物品的美。在内容的选择上，我们从幼儿身边的人、事、物入手，选择幼儿熟悉或感兴趣的事物，把能够引起幼儿共鸣的内容作为美术活动的内容。例如，画熟悉的人，设计"陪爷爷奶奶一起散步""爸爸的领带""妈妈发型屋""我的老师""哈哈朋友"等活动，引导幼儿画爷爷、奶奶、爸爸、妈妈、老师、自己、同伴等，感受自己与周围人之间的关系，体验浓浓的亲情之美；画身边的自然，设计"小草快快长""花儿一片片""花儿一串串""开花的树""枝枝丫丫的树""花花草草真好看"等活动，在探索自然的过程中认识到大自然的美，培养初步的美感体验；画熟悉的物，设计"可爱的小动物""我的树朋友""各种各样的房子"等活动，感受体验物体的具象之美；画感兴趣的事，设计"挂彩灯""一起去劳动""我们爱运动"活动，引导幼儿关注周围的生活，体验过程之美。

3. 教育手段追求多样化的探究体验

幼儿对客观世界的认识，是通过与客观事物的互动实现的。因此，结合幼儿的认知特点，我们采取多样化的探究形式，借助多种感官的参与，使幼儿经历探究过程，认识植物、关爱动物、了解事物的特点与规律，感受大自然的神奇。有效利用各种社区资源开展社会实践活动，增加幼儿的体验操作的机会，丰富幼儿的生活经验。有目的地引导幼儿开展欣赏活动，借助艺术作品启迪幼儿的智慧，陶冶幼儿的情操，使幼儿在充分感受艺术作品的基础上，大胆地联想与创造，从而满足幼儿想象创作的需要。

4. 教育评价追求个性化的自主表现

幼儿美术教育，不仅是美感教育，更是幼儿情感教育、创造性教育及个性教育的复合体。因此，我们对幼儿的评价中主要看幼儿的发展和个性表现。

(1) 从幼儿的表现中评价绘画过程。幼儿作画时的投入状态、作画时的情绪表现是评价教育内容是否适宜的最关键的一点。在组织教师观摩时，我们一般提前提出观察的重点，同时用录像的形式记录每个幼儿的表现，研讨交流时进行回放，重点引领教师观察幼儿的表现：看幼儿是否专注、下笔是否大胆、情绪是否愉悦、如何操作、表现手法是什么、是自己独立完成的还是借鉴同伴的作品等。有重点的个案研讨，改变了教师的关注形式和关注点，使他们能够静下心来有目的地观察孩子的作画过程。

(2) 从幼儿的发展中评价绘画结果。首先，我们要倾听幼儿作品所传达的思想内涵，观察幼儿的绘画作品内容。看幼儿对生活的观察是否细腻、表现是否丰富、作品内容是不是幼儿眼中的世界等。例如，幼儿在表现"春游"主题时，其中有一个幼儿画得很简单，只画了几个"像门一样"的长方形和几个小圆圈和小点点，画面内容并不丰高，但当幼儿给老师讲述作品时，我们才真正理解了幼儿所表现的内容。原来他用圆圈和点点表现了大大小小、由远及近、由近及远的自己；长方形表现了动物园的大门，圆圈表现的是自己去动物园进入大门前后的情景。一幅看似简单的作品却表现了丰富的、幼儿实际经历的内容，如果不去了解倾听，我们可能什么也看不出来。其次，通过绘画结果评价，来测度幼儿的整体发展。通过纵向比较观察，看幼儿作画时的专注程度是否提高、看幼儿的独立性是否增强、看作画时是否大胆自信了，等等。通过幼儿的作品，看幼儿的观察是否更仔细了、表现的形式是否更丰富了、运笔是否更流畅了、内容是否更有思想了。为了便于教师纵向评价作品，我们为每个幼儿建立了作品夹，用于记录幼儿的成长历程，以便教师和家长了解幼儿的审美特点，发现幼儿的兴趣爱好，掌握幼儿的智力发展状况等。

第三章　体验式美术教学的探索与实践

一、在感知中表现

《幼儿园教育指导纲要（试行）》指出，幼儿对周围世界的认识主要是通过多种感官的感知觉来进行的。美术活动也是这样，儿童的自我表达和创造性表现需要有丰富的知识和经验作为基础，幼儿脑中积累的素材越多，绘画内容就会越丰富。

1. 具象感知，丰满绘画内容

具象是综合了大自然和社会生活中无数单一表象以后，经过抉择取舍而形成的具体形象。[47]在美术教学中，我们引导幼儿留意、观察身边的具体事物，提供丰富的体验活动，帮助幼儿在绘画与真实具象之间建立有机联系，在感知和表现之间架起桥梁。

（1）跟随课程主题，让"画"不孤立。幼儿具象感知的过程是透彻理解、深刻掌握事物特征的过程。如果只有绘画集体教学中的一点点短时间的形象启发，那只能是简单枯燥的"为画而画"。事实证明，幼儿跟随课程主题所感知到的真实具象，往往成为绘画活动中"厚积薄发"的力量，它能使幼儿的美术创作内容更加丰富、情感更加饱满、形象更加灵动。

例如，在大班主题活动"各种各样的房子"中，教师以"欣赏各种建筑"为切入点，有意识地引导幼儿去关注生活中随处可见的房子、周围熟悉的小区，回忆旅游时所见到的各地高高的城楼、金碧辉煌的宫殿、清新的民居、神秘的城堡……孩子们的视野穿越千里，积极观察、思考房子的造型、色彩、功能等方面的差异，感受不同房屋或壮观或厚重或清新的美，获得积极愉快的具象体验。当幼儿有了充分的感知后，他们的想象之门被打开了，在后期的美术创作中，幼儿不仅能选择适合的绘画材料来创作表现，如选择黑灰白颜料来表现徽派清新典雅的艺术风格，用油画棒在纸袋上表现城堡，而且在"未来的房子"设计中，大胆迁移和想象，创作出了许多富有个性、生动流畅的美术作品。

（2）贴近幼儿生活，让"画"有准备。具象是幼儿在生活中多次接触、多次感受、多次为之激动的，既丰富多彩又高度凝缩了的形象，带有幼儿独特的情感烙印。教师应选择与幼儿生命律动契合的内容，借助幼儿对生活的体验，让幼儿充分地进行"经验的准备"，让美术活动童真灵动、创意飞扬。

例如，身边的家人是小班幼儿最初的生活认知，是他们绘画创作的重要元素。因此，我们选择"快乐一家人"作为小班的绘画主题。活动开始，教师和幼儿一起收集全家福的照片布置在相关区域，围绕全家福照片进行观察、比较、交流，了解家庭成员面部的主要特征，回忆和家人在一起的快乐的事情，感受"一家人"快乐幸福的情感。对幼小的心灵来说，事物就是他们看到的、听到的、接触到或是闻到的那个样子。经过丰富的经验准备后，幼儿的创作思如泉涌、童心盎然。他们会用多种材料细腻生动地表现

"一家人"的典型特征：长头发的妈妈、长胡子的爸爸、有皱纹的奶奶、戴老花镜的爷爷。他们也会很踊跃地参与"给妈妈设计新发型""带着爷爷奶奶去散步""给爸爸设计领带"等一系列情趣化的绘画创作活动，尽管有的线条不是那么流畅，有的画面只有寥寥数笔，却因为丰富的情感和鲜活的生活体验而格外地生动传神。

（3）顺应幼儿特点，让"画"有趣味。《3—6岁幼儿学习与发展指南》中指出："幼儿的学习是以直接经验为基础，在游戏和日常生活中进行的。"[2]幼儿对美的体验，总是在接触事物时直接发生。顺应幼儿的这一特点，我们在小班绘画《可爱的小动物》时，将小动物尽可能多地渗透在孩子的绘画空间：在幼儿园和班级饲养角填充小金鱼、乌龟、螃蟹、鸡、鸭等小动物，引导幼儿给它们喂食，和它们说话。幼儿通过细致的观察、相互间交流，了解了不同小动物的造型特点、生活习性，感受小动物的生动和可爱。这样的方式，为幼儿的认知活动提供了实际的载体，幼儿在与小动物的直接互动中获得真实的经验，积累了丰富的实物表象，避免了成人概念化的图式影响，因此涌现出丰富多彩的绘画作品：撕贴画的热带鱼、手型印画的小鸟一家、皮球拓印的可爱小乌龟、油画棒圈涂的鸡妈妈和小鸡等等。这时，绘画成了孩子们抒发感知体验的独特窗口，作品也被赋予了鲜活的生命。

2. 过程感知，丰润绘画情感

丰富的生活经历和广泛的活动参与能拓展幼儿美术创作的内容，激发并强化绘画情感。幼儿有了情感，才会有对美的感受和体验，才能有充满灵性的美术创作。

（1）感知生命历程，怡情悦性。四季轮回是大自然所赋予我们每个人的过程感知，我们引导幼儿关注花草树木在一年四季中的生长变化，感知春天的花草萌发、树木吐绿，感知夏季的花海绚丽、枝繁叶盛，感知秋天的硕果累累、黄叶翩飞，感知冬天的草木凋零、白雪皑皑。幼儿在四季轮回中，感知花草树木生命的历程。他们会为一朵花开激动，会为一片落叶驻足，会为一枚果实欢呼，这种情感体验逐步内化为幼儿自己的认识，融入生动的创作中。

这种对大自然生命生长历程的感知过程有时会连续一个学期。例如，在小班主题"花花草草真好看"中，教师带领幼儿利用每天散步的时间持续地观察户外的草地，用一学期的时间感知小草的生长变化。幼儿惊喜地发现枯黄的小草返绿了、小草长大了、小草变高了、小草结籽了、小草外围的叶子变得枯黄了……越与草地亲密接触，他们越被小草顽强生长的姿态所吸引，带着惊叹，他们在美术活动中，尝试用顿笔和向上提笔的方法表现萌芽生长的小草，用长短、曲直不同的点和线条表现小草长大后交叉、变高的茂盛形态，幼儿在对话自然中"赏"美，在表现创造中"融"情。

这种对大自然生命生长历程的感知过程有时也会贯穿整个幼儿园时期。例如，围绕

"幼儿园的树"，幼儿用三年的时光和树从容相处，欣赏树木不同姿态的美，感受其生命的生生不息。小班幼儿从观察春天的桃红柳绿开始，感受树木刚柔不同的美；中班幼儿寻找"最粗的树""最高的树""最美的树"，在比较、观察中了解树的生长变化，感受树的生命力。大班幼儿手拉手和大树亲切地拥抱；躲在大树后，和大树玩"躲猫猫"的游戏；用脸颊贴一贴、用手摸一摸树上的"眼睛"，感受大树生命的律动……三年的幼儿园时光，孩子们在与幼儿园大树的多次接触、多次感受中，获得的不仅仅是一幅幅美丽的作品，更有对生命的深情凝视和美好体验，留下了深厚的情感烙印。

（2）参与活动过程，"情"动于中。在实践中，我们发现：幼儿对于自身积极参与过的活动，有着特别深刻的体验和记忆。指导幼儿关注周围的生活，组织他们参加力所能及的劳动、有趣的文体活动、外出参观游览等活动，更容易引起幼儿情感上的共鸣，点燃幼儿的创作热情。

例如，在中班进行"一起去劳动"活动前，教师引导幼儿进行扫地、叠衣服、擦桌椅、择菜、种植等劳动实践，感受劳动的过程，体验劳动带来的辛苦和幸福。当幼儿进行绘画活动时，前期拍摄的照片、录像等一下子唤醒了幼儿当时参与劳动的记忆，他们用动作再现当时自己劳动时的样子、积极谈论参与劳动的感受。绘画时，幼儿用大片的红色表示自己参与种植时的太阳晒在自己身上的感受；用低头弯腰的侧面动态刻画拖地的细节；用夸张的笑脸表达自己帮厨时的快乐……真实的过程参与，让事物跃然画纸；不同的情感体会，使画面更加丰满生动。

在开展"我们爱运动"美术活动之前，教师组织幼儿在户外跳绳、踢球、跑步，充分体验各种运动的造型动态，体验运动的快乐。活动中，观看幼儿各种运动时的照片和运动员比赛视频，感知运动项目的丰富；设置"木偶小人想参加运动"游戏情境，引导幼儿将画纸假设为运动场地，帮助"木偶小人"改变身体方向，掌握头朝下的、正面的、侧面的等不同动态的人的表现方法。最后，用绘画的方式留下和"木偶小人"一起运动的精彩瞬间。情感的激发促使幼儿积极愉悦地投入绘画之中，所创作的人物形态各异、动感十足。

在九月份"葡萄熟了"的主题活动中，我们组织幼儿到大泽山游览葡萄园。幼儿到葡萄园里听农民伯伯讲葡萄的生长过程，现场观察葡萄的色泽、品种，亲身参与体验采摘的过程，品尝葡萄的甘甜，感受丰收的喜悦之情。在听过、看过、尝过的基础上，教师通过照片回放和交谈帮助他们回忆生动的采摘过程和细节，以"葡萄熟了"作为绘画的主题，激发幼儿创作的欲望。于是，一幅幅生动形象的作品出来了：有的以叙事形式画下了去游览的全过程，有的画出了小朋友看葡萄的惊喜，有的画出了大片的葡萄园……每一幅作品内容，都诉说着幼儿的情感融入，都深藏着与现实之间的有趣联系。

（3）体验技法进程，入理切情。技能是表达情感的支撑，而情感的激发更加利于技能的学习，两者缺一不可。借助情感表达，将绘画技能的传授转化为幼儿的生活经验，更容易被幼儿所理解接受。

例如，在小班进行的"陪爷爷奶奶散散步"的活动中，通过询问爷爷奶奶的兴趣爱好、观察爷爷奶奶的外貌特征、回忆爷爷奶奶关爱自己成长的事例，幼儿感受爷爷奶奶对自己的爱，使幼儿在情感上对爷爷奶奶更加亲近、热爱。带着对爷爷奶奶的爱，幼儿扮演小动物，陪伴腿脚不方便的乌龟奶奶一起去森林散步。幼儿在"和圆圆树打个招呼、坐在树下歇一歇、送爷爷奶奶回家、不能让他们绊倒"等情境绘画过程中，不仅获得了画封闭的圆和弧线的涂鸦技能，而且充分表达了幼儿关爱老人的情感，加深了幼儿和亲人之间的亲情链接，体现了"情感"和"技能"的和谐统一。

再如，水墨画的作画技法比较复杂，幼儿不易掌握。在主题活动"水墨丹青"的创作过程中，我们首先进行了水墨小趣的欣赏活动。通过观看水墨大师作画的视频，幼儿对水墨大师充满敬佩之情，萌生了"像大师一样"用毛笔蘸墨作画的想法。顺应幼儿的情感需要，教师用"和大师一起玩水墨游戏"的形式，用"大师的毛笔喝喝水、舔舔干""大师的毛笔会踮起脚尖走""毛笔躺下来休息"的形象比喻，让幼儿在与材料的互动中掌握中锋、侧锋用笔的技巧，感受墨色的浓、淡、干、湿等变化，在征服工具的过程中主动获得技法提升，获得情感的宣泄和表达、满足与发展。

3. 多维感知，丰盈绘画表现

多维感知其实就是对多维度信息的感知，是指通过视觉、听觉、认知、表达等多方面为幼儿建立感知的立体环境，让幼儿获得形象的感染、情感的体验和智慧的启迪。

（1）多感官参与，变"模糊"为"形象"。幼儿通过用眼去看、用耳去聆听、用手去触摸、用心去感悟，发现大自然以及社会中一切美的事物，认识了解事物的特点与变化规律，头脑中积累丰富的表象经验。[48] 比如，在绘画兔子的过程中，不但可用视、听器官感知，还可以让幼儿用手触摸，并学一学兔子是怎么跳的，从而帮助幼儿形成有关兔子的完整印象。我们还用亲自体验的感知方式，来调动幼儿的情感，比如在"可爱的小鸡"美术创作过程中，幼儿通过亲自饲养小鸡、给小鸡喂食物、带小鸡散步、观察小鸡的变化等活动，和小鸡之间产生了情感。在绘画过程中，他们将自己的情感再现到"可爱的小鸡"美术创作中，画面内容丰富、有趣。

（2）多媒体辅助，变"无形"为"有形"。我们知道，不是所有的绘画都有具体的实物可以近距离地观察欣赏。对于幼儿喜欢的但又离生活经验有些远的事物，我们就让幼儿参与收集相关的照片、视频录像等，通过多媒体创设身临其境的情景，为幼儿的绘画创作提供参考，刺激幼儿思维想象。

例如，中班在进行《节日的烟花》绘画中，教师通过播放视频向幼儿直接呈现烟花绽放的美丽场景，身临其境般的视听震撼把幼儿思维中模糊的表象变成具体可视的图像，极大地激发了幼儿进一步欣赏发现的热情。接下来的重点图片欣赏部分，师幼通过PPT播放图片，共同对盛开的烟花的几种经典形态进行观察欣赏。从流动的声色画面到精选画面的定格，从对烟花色彩的欣赏到对烟花构图特点的分析，不断丰富和提升幼儿对烟花审美特征的感知，为幼儿自主流畅地创作属于自己的烟花奠定了良好基础。

（3）多材料利用，变"单一"为"丰富"。美术活动离不开材料。一枚秋天的落叶、一块光滑的石头、一堆废弃的瓶罐纸盒，都会引发幼儿的无限创意。教师要善于"慧眼识材"，充分利用大自然和社会生活中的材料，指导幼儿进行有目的的探索尝试，让绘画表现更加丰富多元。

例如，教师会提供各种各样的材料，让幼儿用多种材料代替纸张和画笔：在瓶子上装饰青花瓷图案、在鞋子上画动物头像、在石头上画海底世界、在葫芦和马勺上画京剧脸谱、在纸袋上画城堡、用车轮滚画贴墙纸、用弹珠滚画做桌垫、用瓶盖和纸团印画地毯、用蔬菜的横切面印画装饰窗帘和裙子，等等。幼儿在利用多种材料进行创作的过程中，感知不同绘画材料的特性，不断地生发创意。

总之，遵循幼儿发展规律，立足课程主题，引导幼儿接触周围环境和生活中美好的人、事、物，丰富他们的感性经验和审美情趣，幼儿的笔下一定会有一片美丽的风景！

（一）我身边的人——体验亲情之美

情感体验是幼儿美术活动的重要基点，没有情感就没有对美的感受和体验，也就没有了美术创作。在美术活动中，教师应注重幼儿对生活、对自然、对社会中事物的情感体验，通过与五大领域课程内容的融合，使这种体验逐步内化为幼儿自己的认识，并能在绘画过程中将自己的认识大胆地表现出来。幼儿只有将自己的情感融入作品中，所创作的作品才是生动的。

例如，中班开展了"亲亲热热在一起"的美术主题活动，以和爸爸妈妈在一起幸福的共同生活的情景为切入口，尝试绘画完整的人、有情节的故事，在亲子间的生活趣事中，体会父子、母子之间的亲情。教师借助绘本故事《我爸爸》《我妈妈》，引导幼儿倾听爸爸妈妈的声音，讲述自己和爸爸妈妈在一起的快乐时光，积累丰满幼儿心中"爸爸妈妈"的新形象。通过欣赏画家丁绍光的丝网版画和雕塑作品，使幼儿获得关于人物线条、图案、色彩的经验，感受雕塑中角色的表情、动作、眼神，扩展更广的视角，使幼儿心中爸爸妈妈的形象变得丰盈、生动，从情感上更亲近父母，从而产生自豪的情感。

一堂绘画课成功的关键是利用已有经验去解决面临的疑问，获得新经验。当幼儿有了关于"爸爸妈妈"的丰富表象，有了欣赏作品带来的视觉冲击，就需要在已有经验和新经验中建立联系。因此，"我和爸爸的快乐故事""漂亮的妈妈""幸福一家人"等不同的绘画命题随机产生。在绘画过程中，教师有意识地引导幼儿关注人物的情绪情感，重组原有经验，提升爱的情感。至此，幼儿完全摆脱了临摹的约束，一张张生动、稚拙的作品，一件件充满亲情的生活趣事，一幅幅饱含亲情的生动画面，让我们充分体会亲子间的甜蜜、幸福。

在此以后，我们又开展了"我的老师""百变自画像""我和好朋友的故事"等美术活动，让美术活动与感受家庭亲情、感受人与人之间的温情紧密地融合在一起。

例如，绘画《我的老师》中，通过"漫画展"的情境创设，激发幼儿参与活动的兴趣，教师引导幼儿欣赏熟知的明星漫画，感知漫画的绘画形式及特点。运用多媒体课件，通过对比观察、局部观察、经验迁移等多种方法帮助幼儿梳理每个老师的特点，然后引导幼儿在浓浓的温情下用夸张的手法大胆进行创作，体验画漫画的乐趣，表达对老师的爱。这些经验体现了美术本身与儿童已有契合，既有艺术审美与艺术感知的获得，又注重活动了幼儿内心体验与情感的抒发和表达，实现了"让儿童艺术充满活力与美丽"。

小班主题：快乐一家人

【设计意图】

幼儿最熟悉、最亲近的是身边的家人，他们在家人的呵护和陪伴下幸福地成长。本主题以家庭成员不同的特征为设计线索，采用回忆、观察、比较、欣赏、绘画等方法，学习用不同的绘画工具、材料，真实地表现"一家人"中不同身份、不同年龄的人物的典型特征，并进行情趣化的创作。

活动一：妈妈的发型屋

【活动目标】

(1) 感受发型的千变万化和传达出的艺术美。

(2) 尝试用直线、斜线、螺旋线等为妈妈设计一款发型。

(3) 初步学习对称运用线型的绘画方法。

【活动准备】

(1) 收集各种各样的发型图片，丰富幼儿关于发型的经验。

(2) PPT，作业纸，黑色水彩笔。

【活动过程】

1. 创设情境，引起兴趣

导语：开心乐园里新开了一家发型设计馆，今天要招聘发型设计师，我们开起小汽车一起去看看吧。

2. 播放图片，认识线条

（1）直线：前面是一条直直的公路，我们的小汽车怎么开？（小汽车，滴滴滴，沿着直线向前开）

（2）波浪线：这条路是什么样子的？看起来像什么？小汽车怎么开？（小汽车，嘟嘟嘟，一会儿上，一会儿下，弯弯曲曲开过去）

（3）折线：这条路看起来像什么？咱们让小汽车来滑滑梯吧。（小汽车，滑滑梯，慢慢上，慢慢下，哧溜哧溜开过去）

（4）弹簧线：我们要上旋转天梯了，旋转天梯看起来像什么？（小汽车，转天梯，咕噜咕噜转下去）

（5）螺旋线：最难走的盘山公路到了，快看，它像什么？（小朋友，系好安全带，我们的小汽车要出发了！呜呜呜……）

3. 参观欣赏，感知特点

提问：发型设计馆展示了很多好看的发型，我们一起看一看。你喜欢什么样的发型？它们是什么颜色的呢？看起来像什么线？

小结：有的是直直的，像面条；有的是卷卷的，像波浪一样；有的是一圈一圈的，像电话线；有的是上面直下面卷的，像花，风一吹都飞起来了，非常美。

4. 主动探索，尝试作画

（1）引导幼儿自主选择线型、色彩，按照刘海、耳朵、脸颊的顺序为妈妈设计发型，学习对称运用线型的方法。

提问：刘海可以用什么样的线型烫？染什么色？耳朵旁烫什么线型？另一只耳朵旁烫什么线型？脸颊烫什么线型？染什么色？左边的头发烫好了，右边的头发应该怎么烫？

（2）幼儿为妈妈设计各种各样的发型，教师巡回指导。

提醒幼儿保持正确的绘画和握笔姿势，及时鼓励、肯定幼儿的创意。

5. 展示作品，欣赏讲评

提问：你为妈妈设计了什么样的发型？你都用了什么线型？

活动二：爸爸的领带

【活动目标】

(1) 欣赏爸爸的条纹领带，感受条纹色彩和排列方式的不同。

(2) 尝试用水粉笔或棉签间隔画出条纹装饰领带。

(3) 喜欢生活中的条纹，喜欢自己制作的领带。

【活动准备】

多媒体课件，领带图，3组不同色系的颜料，水粉笔若干，小动物头像，音乐。

【活动过程】

1. 情境导入，激发兴趣

导语：森林里开了一家领带商店，我们去给爸爸选一条领带吧。

2. 欣赏课件，感受条纹的搭配组合方式

提问：这些领带中，你最喜欢哪条领带？它是什么颜色的？条纹是怎么排列的？

小结：这些新款领带都是条纹图案的，有的是竖条纹，有的是横条纹，有的是斜条纹。颜色也不同，但都是一一间隔排列的。

3. 探索发现，共同示范

(1) 引导幼儿大胆设计、交流自己的构想。

提问：如果你是设计师，你想怎么设计领带？用什么条纹？

(2) 教师介绍绘画材料、工具的使用方法。

(3) 个别幼儿尝试操作，教师总结绘画方法。

小结：用水粉笔蘸上自己喜欢的颜色，画出横条纹、竖条纹或者斜条纹，画好一条后，留一些空白地方再画一条，这样条纹领带就做好了。

4. 幼儿创作，教师指导

(1) 鼓励幼儿尝试用不同方向的排列组合方法（横条、竖条、斜条）和颜色（间隔）设计领带的条纹。

(2) 提醒幼儿使用水粉笔绘画时，注意保持画面整洁；提醒幼儿画出粗细不同、排列方式不同的条纹；提醒幼儿将每一条条纹画完，避免出现"只画一半"的情况。

5. 欣赏交流，提升经验

(1) 请幼儿将自己设计的领带给自己爸爸头像戴上。

(2) 评价交流自己设计的领带。

(3) 把幼儿设计的领带放在娃娃家，请幼儿扮演爸爸角色的时候戴上。

活动三：陪爷爷奶奶一起散步

【活动目标】

(1) 感受与爷爷奶奶一起散步的温馨和甜美，激发幼儿关心爷爷奶奶的情感。

(2) 能表现封闭的圆和弧线，积累避开障碍物流畅涂鸦的经验，发展幼儿手眼协调能力。

【活动准备】

森林背景图，橘黄色方形绘画纸，深色水彩笔，各种形状的纸制小树若干，各种小动物及动物奶奶。

【活动过程】

1. 情景导入，激发兴趣

导语：乌龟奶奶年纪大了，腿脚不方便，可它很想到外面去走走看看。小乌龟提议陪奶奶一起去森林散步，奶奶高兴地答应了。

2. 欣赏观察，画画说说

(1) 欣赏森林里大小形状各异的树，根据树形给小树取名。

提问：小乌龟和奶奶来到了哪里？快给这些不同形状的树起个名字吧。

(2) 儿歌示范避开障碍物流畅涂鸦的方法，巩固表现封闭的圆和弧线。

① 用水彩笔从乌龟粘贴处画线至大树，避开粘贴物：小乌龟慢慢爬，圆圆大树下歇一歇。

② 用水彩笔试着沿大树画封闭的圆：和大树打招呼，走一走，看一看，圆圆的大树对我笑。

③ 关注画面整体，避开障碍物将不同的两个点连接起来：再去森林其他地方玩一玩。

3. 幼儿作画，教师指导

(1) 自由选择爷爷奶奶贴纸，陪爷爷奶奶去散步。

(2) 提醒幼儿：陪爷爷奶奶到森林各处走一走；散步时要避开障碍物。

(3) 鼓励幼儿添画森林里其他好玩的地方，如小花、小草、山坡等。教师及时发现孩子的创造符号，提醒同伴间相互学习。

4. 讲评交流，共同分享

引导幼儿互相交流，大胆讲述：你陪爷爷奶奶玩了哪些地方？森林里还有哪些好玩的地方？

中班主题：亲亲热热在一起

【设计意图】

中班幼儿随着认识和生活经验的不断丰富，不同人物的造型已经成了他们绘画中经常涉及的内容。本主题以和爸爸妈妈在一起幸福的共同生活的情景为切入口，尝试绘画完整的人、有情节的故事，在亲子间的生活趣事中，体会父子、母子之间的亲情。

活动一：画爸爸

【活动目标】

（1）了解漫画幽默、夸张的表现手法，学习用漫画的手法表现人物的主要特征。

（2）能用夸张、简单的线条画出爸爸常见的表情，表现出爸爸面部的显著特点，画面幽默、诙谐。

（3）体验漫画创作的乐趣，加深对爸爸的了解，表达对爸爸的爱。

【活动准备】

爸爸的照片，课件，彩笔，漫画作品范例，音乐，画纸。

【活动过程】

1. 播放课件，了解爸爸的外貌特征

提问：这是谁的爸爸？他长什么样？为什么会做出这种表情？

2. 观察分析，了解漫画的表现形式

（1）出示名人的照片与漫画：成龙和姚明，引导幼儿观察漫画中成龙鼻子的变化和姚明大笑时五官的变化，初步了解漫画夸张诙谐的特点。

提问：看到他们的画像你有什么感觉？你觉得画像和照片比起来，哪些地方夸张有趣？

小结：画像中把人物脸部大的地方表现得更大，小的地方表现得更小。这种简单而夸张的绘画手法就是漫画。漫画让人感觉特别有趣，能给人们留下深刻的印象。

（2）师幼互动绘制爸爸的画像，引导幼儿发现爸爸面部的显著特征，进一步感受局部夸张的表现手法。

3. 大胆创作，教师指导

（1）提出作画要求：仔细观察，抓住爸爸的显著特征，大胆创作。

（2）教师有针对性地进行指导。重点鼓励幼儿大胆布局，突出漫画夸张的表现手法。

4. 交流分享，提升经验

（1）请幼儿自由欣赏，感受漫画诙谐有趣的风格。

（2）引导幼儿交流自己的创作感受，分享爸爸的趣事，表达对爸爸的爱。

活动二：母子情深

【活动目标】

（1）欣赏图片或雕塑中角色的表情、动作、眼神。

（2）体会母亲对孩子的疼爱和孩子对母亲的依恋之情。

【活动准备】

将师幼收集的反映母子关系的小型雕塑布置成展台，《母子情深》课件。

【活动过程】

1. 欣赏作品，多角度感受妈妈对孩子的疼爱之情

(1) 欣赏动物母子图片，引导幼儿从动物的表情、动作、眼神等方面欣赏，感受母子情深。

提问：动物妈妈和动物宝宝在做什么？它们的神情怎样？看到图片后自己想到了什么？

(2) 欣赏人物母子图片，引导幼儿关注画面的色彩、光线，感受画面美感。

提问：你看到了谁？他们在做什么？妈妈和孩子是什么表情？学一学、说一说。为什么会这样？猜一猜发生了什么事情？

(3) 欣赏母子情深雕塑图片，感受雕塑造型夸张、均衡的特点和妈妈对宝宝的爱。

提问：你看到了什么？妈妈的造型是什么样的？头发怎样？正在做什么、妈妈为什么会做这样的动作？

小结：这种艺术形式叫雕塑，是一种造型艺术。

2. 模仿造型，互相欣赏

请幼儿自由两两组合，扮演母与子，交流看到的作品中自己最喜欢、最让自己感动的动作或表情，摆出一个造型，相互欣赏。

3. 分享交流，大胆表达

请幼儿回家表达自己对妈妈的爱，和妈妈摆一个亲密造型，拍成照片带回园里，布置到主题墙上。

活动三：漂亮的妈妈

【活动目标】

(1) 欣赏经典艺术作品，从人物特征中发现妈妈的美丽。

(2) 初步尝试有目的地选择画面，能大胆构图、合理安排画面，画出自己妈妈的主要特征。

(3) 体验绘画的快乐，表达对妈妈的爱的情感。

【活动准备】

妈妈的照片，丁绍光作品《母与女》和其他表现女性形象的经典作品，画纸，签字笔等。

【活动过程】

1. 观察照片，介绍自己的妈妈

提问：这是谁的妈妈？照片上的妈妈哪里最好看？

小结：照片上有的妈妈穿着美丽的服饰，有的有优雅的姿势、迷人的笑容，有的长着明亮的眼睛，每一位小朋友的妈妈都非常美丽。

2. 欣赏作品，了解画法

(1) 思考：怎样把妈妈画得漂亮？

(2) 欣赏丁绍光作品《母与女》。

导语：有一位画家叫丁绍光，他最喜欢画妈妈，把妈妈画得像仙女一样漂亮。我们一起去看看吧。

提问：作品中的妈妈为什么这么漂亮？有什么特点？（脸、脖子、手臂、手指、身材、腿等都画得很长）看了这张画，你有什么感觉？

小结：丁绍光在画的时候，心里一直想着——修长，他在保持人体的基本形态的基础上，夸张、拉长人体的脖颈、躯干、手臂和腿，这样画出来的妈妈就感觉很漂亮。

3. 幼儿绘画，教师指导

(1) 了解绘画工具：签字笔。

(2) 请幼儿画一画自己的妈妈，提醒幼儿想一想怎样才能把妈妈画得漂亮。

4. 分享交流，提升经验

引导幼儿和同伴交流介绍自己的妈妈。

活动四：爱的微笑

【活动目标】

(1) 观察、感知不同年龄段人微笑的特点，尝试运用夸张的手法绘画一张自己最爱的人的笑脸。

(2) 通过形与线的组合，大胆表现自己爱的人笑起来时面部的突出特征。

(3) 感受与自己爱的人在一起时的快乐心情，体验并怀的笑带给他人的快乐。

【活动准备】

各种不同呈现形式的底板，如砂纸、牛皮纸、卡纸等；课件；视频、蜡笔、彩色铅笔、水彩笔等不同画笔；展板；音乐。

【活动过程】

1. 创设"快乐生日会"情境，激发兴趣

(1) 播放生日会视频，初步感知不同年龄段的人微笑的特点。

导语：小朋友，乐乐邀请我们去参加生日会，我们一起去看看吧。

提问：大家在一起时心情怎么样？从哪里看出来的？每个人笑得都一样吗？这么多不一样的笑脸你最喜欢哪一个？宝宝笑起来是什么样子的？妈妈和奶奶的笑哪里一样？哪里不一样呢？

小结：老人笑起来都会有皱纹、掉牙等，而小朋友笑起来一般都会张开嘴。

(2) 结合生活中的美好瞬间照片，回忆自己的生活经验，大胆说出自己爱的人微笑的特点。

提问：小朋友，你最爱谁？你有什么爱的故事和我们分享？

幼儿介绍的时候，老师点击"爱的微笑"电子相册，将幼儿带到情境感，激发爱的情感。

2. 观察感受，探索面部夸张的表现手法

(1) 出示乐乐生日会留念照 (漫画)，引导幼儿观察。

提问：乐乐生日会拍的照片，你看了有什么感觉？哪里比较特别？大大的嘴巴是什么形状的？大嘴巴笑起来给人什么感觉？

小结：原来这种把嘴巴画得特别大，把眼睛画得特别小的方法就是夸张的方法，会让人觉得更加开心。

(2) 了解夸张手法的表现形式和人物特征形与线的组合。

提问：你想把谁的微笑用这种夸张的手法画出来？可以画什么样的眼睛？我来试一试。鼓励幼儿说出宝宝的眼睛可以是圆圆的，奶奶的眼睛弯弯的，等等。

(3) 幼儿欣赏不同载体上呈现出的笑脸，鼓励幼儿按照自己喜欢的方式进行绘画。幼儿触摸、感知各种不同画纸 (砂纸、卡纸、牛皮纸等) 的纸面特点，在老师提供的试验纸上简单地画一画，初步体验在不同画纸上绘画的不同感受。

3. 幼儿作画，巡回指导

(1) 提出要求：请幼儿按自己的想象大胆绘画，表现一个自己最爱人的面部特征。

(2) 请幼儿自主选择卡纸、牛皮纸、砂纸等不同绘画底板和水彩笔、马克笔、水粉笔、油画棒等不同画笔进行创作。

(3) 幼儿创作时，运用多媒体课件播放不同笑脸的照片，营造轻松氛围。

(4) 教师进行针对性的指导。如能力弱的幼儿能用夸张的手法呈现出面部微笑特征，能力强的幼儿在此基础上，可以进行添画造型。

(5) 提醒幼儿制作完成后，收拾桌面材料，保持桌面干净，养成良好的作画习惯。

4. 分享评价作品，体验与自己爱的人在一起时的快乐心情

(1) 幼儿相互欣赏同伴的作品，引导幼儿说出笑容背后的爱的故事，感受与同伴分

享自己爱的瞬间的幸福。

(2) 布置"微笑墙",展示幼儿作品。

大班主题：我的老师和朋友

【设计意图】

随着年龄的增长，大班幼儿在身体变化的同时，兴趣、情感、能力等方面也不断发展。在造型上，他们已经初步掌握画人物的方法，所画人物基本正确，组成比例较完整。在构图上，在一条水平线上画出各种物体的表现方法，已经不能满足幼儿表达个人认识的需要，他们更加关注画面的安排，开始探究人物动作时明显的前后位置。因此，就有了这样一个画自己、画老师、画朋友的绘画主题。

活动一：我的老师

【活动目标】

(1) 在欣赏、创作的过程中了解漫画诙谐、幽默的特点。

(2) 能关注到老师的明显特征并用夸张的手法进行表现。

(3) 体验画漫画的乐趣，萌发对老师的爱。

【活动准备】

教学课件，带画框的画纸，画纸，彩笔等。

【活动过程】

1. 创设"漫画展"情境，了解漫画及其特点

(1) 欣赏多幅漫画，初步感知漫画的幽默、快乐。

提问：今天老师要带你们参观一个非常有趣的画展。看到这么多画给你什么样的感觉？

小结：这些很幽默、诙谐、搞笑的作品就叫漫画。

(2) 观察明星照片及漫画图片，了解漫画的绘画形式。

① 出示潘长江图片，了解漫画夸张的特点。

提问：猜猜图上的人是谁？你从哪里看出是潘长江？漫画和本人的照片有什么不同？

小结：画漫画的时候把他的明显特征进行夸张，这会表现出更加生动、幽默的漫画形象。

② 出示成龙、王祖蓝图片，了解除了夸张外，还可以用其他方法表现漫画。

提问：他们是谁？你怎么知道他是成龙伯伯和王祖蓝叔叔的？

小结：原来，不仅可以通过人物外形特征去表现，还可以通过兴趣爱好、服饰、动

作特点表现漫画中的人物。

2. 观察讨论老师的明显特征，探索发现为老师画漫画的方法

（1）不同的方式出示三位老师的照片。

① 对比观察——发现张老师本人及照片的不同，梳理画漫画的方法：夸大、缩小。

② 局部观察——发现郭老师的面部特点，梳理画漫画的方法：抓住爱好兴趣画漫画。

③ 经验迁移——回想郑老师的突出特点，梳理画漫画的方法：抓住突出特征。

3. 创作表现，体验乐趣

（1）提问：你想画哪位老师？想突出他的什么特点？和小朋友一起讨论吧！

（2）教师巡回指导，引导幼儿想清楚要画谁，表现他的什么特点；鼓励幼儿将人物的主要特征进行夸张的表现；肯定幼儿独具创意的绘画方法。

4. 师幼共赏，感受浓浓深情

交流：猜猜看这些作品画的是哪个老师？从哪里能看出来？你想对老师说什么？

活动二：哈哈朋友

【活动目标】

(1) 探究画面中人物造型变化与折纸之间的关系。

(2) 发现人物造型与折纸方式的变化规律，能根据规律进行想象和表现。

(3) 感受美术作品中夸张手法的趣味性。

【活动准备】

蓝色、绿色长条绘画纸（一正一反折叠两次），深色彩笔幼儿每人1份，作品范例两幅。

【活动过程】

1. 组织谈话，引出主题

提问：你有好朋友吗？咱们给好朋友画张像吧。

2. 第一次画朋友，探索"朋友"身体分开的秘密

（1）请幼儿选折叠好的蓝色长条纸，在最短的时间里画出自己的朋友：头顶着"天"、脚踩着"地"，画的时候不能将折叠处打开。

（2）请幼儿展示自己的作品，引导幼儿交流，探究人物造型变化与折纸之间的关系。

提问：你画的朋友怎么了？你画的朋友为何断开了？大家画的朋友断开的地方为何不一样？断开的地方画在什么位置了？怎样才能不断开？

小结：想让朋友身体哪个部位分开，就把这个部位画在折痕上，这就是朋友身体分开的秘密。

（3）引导幼儿尝试将画补充完整。

提问：怎样把朋友变得完整呢？

小结：可以把缺失的部分直接连接起来，变成一个人，也可以把朋友左右或者上下补充完整，变成两个人。

3. 第一次画朋友，感受折叠绘画的夸张与有趣

（1）请幼儿选折叠好的绿色长条纸，在上面画出自己的朋友。同样要求画出的人物要头顶着"天"、脚踩着"地"。

提问：你想把朋友的哪里变长？重点指导幼儿：要把某个部位变长，必须把它画在折叠处。

（2）引导幼儿欣赏作品，激发幼儿进一步探究与表现的愿望。

提问：这次谁画的朋友变化最有创意？例如，脸部器官变形、头发变形、身体的几个部位同时变形等。

4. 展示作品范例，引导幼儿续编故事

（1）边操作折叠城堡边讲述故事：有一座快乐的城堡，里面住着一群快乐的人。有一天，一个巫师给城堡施了魔法，把城堡封锁起来了，只有勇敢的人才能除去魔法。哪位小朋友来帮忙？（请一个幼儿打开作品折叠的部分）城堡里的人得救了，非常开心，他们决定出门走走。

（2）继续讲述故事，鼓励幼儿尝试续编故事情节并画出来。

提问：他们会遇见什么有趣的事呢？如果把纸变换个方向会怎么样？再折一下会有什么变化？

（3）请幼儿作画，教师巡回指导，提醒幼儿先在折叠的纸上画，然后将纸打开，在遮盖住的地方添画有趣的画面。

5. 欣赏评价，续编故事

鼓励幼儿将绘画的内容续编到故事中讲一讲。

活动三：和好朋友在一起

【活动目标】

（1）了解自己好朋友的细节特征及动态。

（2）大胆作画，能表现自己和好朋友之间最有趣或最令自己感动、喜欢、难忘的情景。

（3）感受朋友在一起的美好，和好朋友建立长久的友谊。

【活动准备】

教学 PPT，画纸，笔，油画棒等。

【活动过程】

1. 谈话交流，说说自己的好朋友

提问：你有好朋友吗？你的好朋友是谁？他长什么样子？

2. 欣赏绘本，感受朋友在一起的美好

提问：好朋友在一起发生了哪些快乐的事情？你和你的好朋友有过什么有趣的事？

3. 教师示范，表现好朋友的细节特征

提问：猜猜老师的好朋友是谁？在干什么？在画面的什么位置？

4. 幼儿作画，教师巡回指导

要求：绘画自己与好朋友之间发生的难忘的事情，画出自己和好朋友所在的地点及发生的事情，画面布局合理。教师帮助幼儿在作品中记录自己想要对好朋友说的话。

5. 分享交流，互送祝福

（1）将幼儿作品集中进行展示，引导幼儿欣赏、交流，说说好朋友有哪些甜蜜时刻，启发幼儿围绕作品主题、人物动态、画面布局进行评价。

（2）请幼儿找到好朋友互送作品，表达自己内心的情感，体会好朋友在一起的幸福和感动。

活动四：我和好朋友的故事

【活动目标】

（1）了解连环画的特点，按照自己的已有经验进行绘画。

（2）能用多幅图的形式画出自己和好朋友之间印象最深、最难忘的一件事。

（3）感受和好朋友之间浓浓的情意，体验画连环画的乐趣。

【活动准备】

水彩笔、画纸、课件等。

【活动过程】

1. 观看视频，回忆和好朋友之间难忘的事情

（1）教师引导幼儿说一说大头儿子和好朋友之间的故事。

提问：大头儿子和好朋友去干什么了？（爬山）他们用什么方式爬山的？（比赛）谁先到达山顶？（一起）

（2）请小朋友说一说和好朋友之间的故事。

2. 观看 PPT，了解连环画的特点

提问：大头儿子和好朋友之间的故事真有趣，我把它画了出来，我们一起看看吧。第一、二、三、四幅都画了什么？请小朋友讲一件这幅画和平时画的画有什么不同。

小结：连环画是用多幅画面连续叙述一个故事的一种绘画形式，要有时间、地点、人物、事件。

3. 互相讨论，确定绘画方案

（1）请幼儿互相说说自己的绘画内容。

（2）请个别幼儿讲讲自己的绘画内容。

4. 幼儿绘画，教师指导

重点指导幼儿创造性地画出故事中的几个重要情节。

5. 交流分享，珍惜美好

（1）幼儿互相欣赏同伴的作品，并请 1~2 个幼儿讲讲自己和好朋友的故事。

（2）教师小结：小朋友，我们马上就要离开幼儿园了，请你们把这张画永远珍藏起来，留住美好的回忆。

（二）我身边的物——体验具象之美

具象不仅是幼儿感知、记忆的结果，而且打上了幼儿的情感烙印，受到他们思维的加工。幼儿通过对身边具体事物的观察、感知，从中发现事物的美，发现事物共有的规律、方法，体现自主探究学习的过程。

1. 搭建桥梁，实现整合

毕加索曾说：人们不能光画他们所看到的东西，而必须先画出对事物的认识。的确，艺术家是在透彻地感知了解了客观事物的方方面面后才创作出作品的。因此，在绘画教学中，教师要善用真实具象，给幼儿提供丰富的感受体验活动，帮助幼儿在绘画与真实具象之间建立有机联系，在体验和表现之间架起桥梁。

例如，在进行"枝枝丫丫的树"绘画之前，我们会组织幼儿进行大量的观察和欣赏活动。教师带领幼儿在户外观察幼儿园里的几种外形特征比较明显的树，观察树干、树枝的形状、色彩及生长方向，感受大自然中树木枝叶的繁茂和形态的多样，尝试用肢体动作表现树的不同形态。孩子们在户外自由地欣赏并表达树的高大和枝叶的繁茂。有的说：树像两个朋友手拉手，像在跳舞一样。有的说：像头发一样弯弯的、长长的，像要长到天上去。有的说：像一把大大的伞……回到教室，师生就共同收集的有关树的图片、艺术作品进行欣赏讨论，深入了解不同树的外形特征，感受艺术作品中树木的独特造型、色彩运用。幼儿在欣赏、感受、理解的基础上，教师提出画"枝枝丫丫的树"，让幼儿尝试用长长短短、弯弯曲曲的线条表现树枝和树叉。就这样，对树的充分观察、感知，打开了幼儿的视野，激发了他们进一步创作的欲望。最终，幼儿画出了不同形态、不同造型的树，幼儿的作品不再是死板的符号，而是饱含着幼儿对作品内容的理解。

2. 激发情感，获得满足

幼儿形成具象的过程是激发情感、强化情感，并与情感相互作用的过程。例如，绘画"多彩的秋林"，幼儿通过点彩和涂染的方法，感受秋天色彩的热烈和风起叶落的意境美，萌发对秋天的热爱之情。绘画"紫藤花开"时，幼儿用粗细、长短、曲直、方向不同的线条表现枝干的多样形态和花朵成团生长的特征，感受花朵密集成团、深浅交融。绘画"玉兰花开"时，幼儿通过观察、了解玉兰树的枝条生长特点和花朵修长的造型特征，尝试表现一棵亭亭玉立的、开花的玉兰树，感受玉兰树的生命力以及挺拔的美。对幼儿来说，每次感受和体验都是一种收获，是新旧经验融合内化的过程。幼儿在探索积累中构建自己的经验体系，掌握绘画的技能技巧，提升积极的审美经验，内化于心，获得情感的满足。

3. 感受体验，提升审美

幼儿形成具象的过程还是感受美、发现美、表现美的过程。美感是人对美的体验，它总是在接触事物时直接发生。只有体会、发现"美"的存在，才会有真正意义上的美术创造。小班绘画主题"花花草草真好看"中，教师选择了贴近幼儿生活的花草为绘画主题，幼儿与家长一起寻找春天大片花草生长、盛开时的美景，充分感受大片花草所营造的温馨浪漫。幼儿和教师一起在幼儿园里自由结伴地看看、听听、闻闻、摸摸，充分感知大自然的秘密，在对话自然中感受春天的美。在活动设计上，教师遵循了循序渐进的原则，从美术最基本的元素开始，由浅入深，不断地累加，使美的欣赏感受与美的表现创造融为一体：用密集的短线和深浅不同的色彩表现茂密的草地；用长短、曲直不同的线条表现不同形态的草；用长长的线条、涂染的方法以及深浅不同的绿色表现多种形态的花茎和叶子；用不同深浅的颜色和点彩的方法表现花海；用点、短线和简单的图形表现花儿一串串的形态美。幼儿在技能习得中不断地"探"美，在表现创造中实现了"融"美。

小班主题：可爱的小动物

【设计意图】

小班幼儿特别喜欢小动物。本主题以对饲养角里小动物的观察为切入口，引导幼儿在绘画与真实物之间建立有机联系。细致的观察和相互交流，使幼儿了解不同小动物的造型特点、生活习性，感受小动物的生动和可爱。

活动一：热带鱼游来了

【活动目标】

（1）感知热带鱼外形、颜色等方面的特征，尝试运用双手配合按轮廓撕纸的技能粘贴热带鱼。

（2）能有耐心地进行撕纸，并能在撕贴的基础上添画圆形的小泡泡、水波纹等背景。

（3）在欣赏、撕贴、添画的过程中，体验活动的乐趣。

【活动准备】

有关热带鱼的视频（课件），身体边缘打孔的热带鱼的图片若干，胶水，蓝色粗头水彩笔，背景图，擦手巾，作品展示板，音乐。

【活动过程】

1. 欣赏感知，了解热带鱼外形、颜色等方面的特征

(1) 交流：小朋友，你们见过热带鱼吗？在哪儿见过？

(2) 观看视频，欣赏身体形状多样、五颜六色的热带鱼，通过说一说、学一学等方式，引导幼儿充分感知热带鱼的特征。

2. 交流讨论和示范演示，学习"撕贴热带鱼"的方法

(1) 师幼交流，讨论把热带鱼请出来的方法，激发幼儿学习撕纸的兴趣。

提问：彩纸里藏着什么小秘密？怎样把小热带鱼请出来？（可请一名幼儿演示撕纸）

(2) 教师结合幼儿的回答与演示，重点示范撕热带鱼的方法。

提示：双手要捏住小孔孔的两边，一前一后地用力，一下一下慢慢地撕。

(3) 粘贴热带鱼，启发幼儿如何添画水波纹、小泡泡等。

提问：热带鱼的家在哪里呀？谁愿意把它送回家？请一名幼儿粘贴热带鱼。你看，热带鱼多高兴呀，它在干什么呢？

3. 幼儿撕贴添画，教师指导

(1) 教师及时提醒幼儿耐心地进行撕贴并大胆添画。

(2) 播放音乐，幼儿操作，教师巡回指导。

4. 欣赏评析，共同分享

(1) 布置"热带鱼游来了"主题展，引导幼儿体验成功的乐趣。

(2) 围绕"你的热带鱼是什么样子的？你想和哪条热带鱼做朋友？它在大海里干什么呀？"进行欣赏和评价。

活动二：小鸟一家

【活动目标】

(1) 学习按轮廓描画的方法表现自己的手。

(2) 能够根据手型大胆添画出不同形态的小鸟。

(3) 保持画面和衣服整洁，感受和亲人在一起的快乐。

【活动准备】

水彩笔，湿巾，幼儿作业纸，课件，展示板，背景音乐等。

【活动过程】

1. 创设游戏情境，感受手型变化的乐趣

导语：小手要变魔术了，仔细看，它都变出了什么？猜一猜它是怎么变出来的？谁能学一学。

2. 主动探索手印添画的方法

(1) 播放课件，幼儿在观察、讨论的基础上学习印画的方法。

提问：这是在干什么？从哪里开始描手形？描手形的时候，要注意什么？放在纸上的手应该怎样？

教师结合幼儿的回答以趣味性的语言进行示范讲解：手指张开，轻轻放纸上，摁住不要动，笔从手腕开始，沿着手掌爬呀爬呀爬大山，上山、下山，回到山脚拉拉手。添画小鸟的眼睛、嘴巴。

(2) 印画不同形态的小鸟。

提问：小鸟一个人太孤单了，它想找个朋友陪陪它。怎样能印出跟它不一样的小鸟？(请一名幼儿印画另一种形态的小鸟，添画眼睛、嘴巴。)

3. 幼儿印画，教师指导

(1) 教师提出要求：印出不同形态的小鸟，印完后要及时擦手。

(2) 幼儿操作，教师巡回指导，提醒幼儿注意保持作品整洁、干净。

(3) 教师鼓励能力强的幼儿印画不同形态的小鸟，鼓励能力弱的幼儿按轮廓印画小鸟。

4. 交流欣赏，提升经验

幼儿自评、互评：你画了几只小鸟？它们在干什么？你最喜欢哪只小鸟？为什么？

教师围绕画面整洁、小鸟动态进行评价，提出新的要求：小手还能印出更多好玩的东西，有兴趣的小朋友可以到活动区试一试。

活动三：小鸡叽叽叽

【活动目标】

(1) 体验水油分离的奇妙效果，感受水粉脱色的独特美感。

(2) 用油画棒画出小鸡后，能尝试用水粉色平涂草地。

(3) 学习用圈涂的方法有顺序地表现小鸡的基本特征和不同动态。

【活动准备】

(1) 油画棒（黄、黑、橘），排笔，调色盘，画纸。

(2) 幼儿在饲养角照料、喂养过小鸡。

【活动过程】

1. 创设"帮鸡妈妈找蛋"的情境，激发兴趣。

(1) 鸡妈妈生了蛋宝宝，咱们一起去看一看吧！咦，蛋宝宝藏哪儿去了，看我把它找出来。

(2) 利用儿歌练习圈涂鸡蛋。

油画棒，点圆点，围着小圆点，向外绕圈圈，一圈又一圈，变成大鸡蛋。我找到了一只蛋宝宝，还有没有呢？小朋友和我一起找一找吧。

2. 感知欣赏，感受小鸡嘴巴位置变化与小鸡动态的关系

(1) 出示小鸡图片，观察小鸡特征。

提问：小鸡长什么样子？头是什么形状？身体呢？头上有什么？什么颜色的？

(2) 拼摆小鸡图片，了解小鸡嘴巴位置变化与小鸡动态的关系。

提问：小鸡有许多本领，看看这只小鸡的嘴巴朝向哪儿，猜猜它在干什么？

小结：小鸡做不同的事情，嘴巴就会朝着不同的方向。

3. 游戏"帮鸡妈妈孵蛋"，学习用圈涂的方法表现小鸡的基本特征和不同动态

(1) 教师利用儿歌演示圈涂小鸡的头和身体。

(2) 请幼儿按顺序添画小鸡的嘴、眼、脚。

我们把小鸡从蛋壳里叫出来吧。小小蛋儿把门开，尖尖小嘴钻出来！小小蛋儿把门开，圆圆眼睛睁开来。小小蛋儿把门开，小鸡小鸡站起来。

(3) 用水粉平涂草地。

提问：猜一猜会不会把小鸡盖起来？小鸡没有藏起来，真奇妙！

4. 幼儿作画，教师指导

(1) 交代作画要求，你们也来帮鸡妈妈孵蛋吧，试一试小鸡的嘴巴还可以从蛋壳哪里钻出来！想好的小朋友，赶紧开始吧！

（2）绘画过程中，鼓励幼儿画出不同动态的小鸡，涂草地时不要反复涂色，提醒幼儿按顺序绘画。

5.展示作品，欣赏讲评

围绕"你帮鸡妈妈孵了几只小鸡，它们在干什么？""你喜欢哪一幅画，为什么？"等问题对不同姿态的小鸡进行评价。

小班主题：花花草草真好看

【设计意图】

春天来了，草儿绿了，花儿开了，孩子们开心地走进大自然，享受着与草地、花海亲密接触的快乐。本主题选择了贴近幼儿生活的花草为绘画主题，以回忆、欣赏春天的草地和花海为切入点，在多角度的审美中，引导幼儿尝试用密集的线条、重复的图形、丰富的色彩表现美丽的花和草。

活动一：春天的草地

【活动目标】

（1）感受大片草地的茂密和色彩的丰富。

（2）尝试用密集的短线和深浅不同的色彩表现茂密的草地。

（3）学习正确的握笔姿势和蘸色的方法，养成良好的操作习惯。

【活动准备】

（1）幼儿观察过户外的小草。

（2）PPT（含凡·高相关作品），背景音乐，画纸，水粉笔，水粉颜料（绿色、黄色、粉色等）。

【活动过程】

1.谈话导入，回忆对草地的印象

提问：草地上的小草，是什么样子的？

2.播放PPT，观察了解小草的外形特征

提问：你看到了什么？草地上有什么？小草都是一样的颜色吗？你喜欢哪一片草地，为什么？

小结：草地上有许多的小草，你靠着我、我靠着你。这些小草的颜色都是不一样的，有的绿绿的，有的黄黄的。小草的样子也不一样，有的长得高高的，有的长得矮矮的。

3. 欣赏凡·高的作品，探讨小草的画法

（1）观察画家的画，感受草地的茂盛：画家也很喜欢小草，看一看画家笔下的草地是什么样子的？草地上都有什么？

（2）体验画家的心情：你觉得画家画这片草地时心情怎么样？你从哪里看出来的？

（3）分析表现手法，学习顿笔和向上提笔的方法：画家是怎么画小草的？你用手比划一下。（跳跃的、一点一点的）

4. 主动探索，尝试作画

（1）幼儿尝试顿笔和向上提笔的方法。提问：你想画一棵什么样的小草？你来试一试。草地上有许多许多的小草，要怎么画呢？（紧紧地靠在一起）

（2）教师要求：请小朋友一起来学画家，画一幅春天的草地，看看谁的草地上小草长得最茂盛。

5. 展示作品，欣赏评价

围绕"你最喜欢哪片草地，为什么？"进行交流欣赏。

活动二：小草快快长

【活动目标】

（1）感受小草长高、长大后形态的丰富。

（2）能用长短、曲直不同的线条表现不同形态的草。

（3）体验草的丰富性和生动性。

【活动准备】

（1）活动前带幼儿观察小草，重点引导幼儿观察草与草之间的交叉、小草长大后的形态。

（2）小草PPT，背景音乐，画有天空、大地的画纸，水彩笔。

【活动过程】

1. 情境导入，激发兴趣

（1）欣赏多媒体短片《小草》，感知小草发芽生长的瞬间。

（2）提问：小草是怎么从泥土里钻出来的？我们一起学学小草：有的直直地长，有的一扭一扭地长，还有的点点头、弯弯腰。

2. 观察图片，发现长大后小草的不同外形特征

提问：这里有一大片草地，很多小草醒来了，都使劲地钻出泥土，大家为小草拍手鼓劲。你喜欢哪片小草，长得什么样子？是怎么钻出来的？

（1）直直草：直直地钻出来——幼儿用手指空画直直草。

（2）扭扭草：一扭一扭地钻出来——引导幼儿回忆肢体动作，从想象过渡到画面。

（3）弯弯草：变化方向地弯腰——师生合作用肢体动作表现，即小草这边弯弯腰，那边弯弯腰。

3. 观察画家卢梭的画，讨论"小草长大"的绘画方法

（1）引导幼儿观察画面中不同形态的草。

提问：画家的小草也从土里钻出来了，快看看它们长什么样？（从外形、高矮、宽窄、颜色来分析小草的形态特征）

小结：小草虽然都是绿色的，但是这些绿色有的深、有的浅；有的直、有的弯；有的会开花、有的会结籽；叶子有的圆、有的长，它们紧紧地靠在一起就像好朋友。

（2）幼儿尝试不同形态小草的画法。

提问：天气越来越暖和了，小草们都急着要钻出来，你想帮助小草怎样从土里钻出来。（长短线、图形对称等）

钻出来后，长得很高很高之后变得弯弯的小草怎么画？谁愿意来试一试？（引导幼儿用弯曲的线条来表现弯弯的小草）

4. 幼儿创作，教师指导

要求：鼓励幼儿大胆创作，尝试画出不同形态的小草，绘画时注意草的生长方向是从下往上。

（1）草快快长：引导幼儿添画不同形态的小草。

（2）小草长得多又多：鼓励幼儿画得密密麻麻，变成草丛。

（3）小草长高了，美丽的花儿开放了：鼓励幼儿换色画花朵。

5. 展示作品，相互评价

这是一棵什么草？你是怎么画的呢？我们一起来学一学。

活动三：花儿一片片

【活动目标】

（1）感受一片花的绚丽色彩，体验水粉画创作的乐趣。

（2）尝试用不同深浅的颜色和点彩的方法表现一片花。

（3）继续学习使用水粉笔，掌握正确的握笔方法。

【活动准备】

（1）活动前和幼儿一起观察花丛，收集花海的图片。

（2）PPT，音乐，有背景的画纸，水粉笔，水粉颜料等。

【活动过程】

1. 欣赏图片，感受"一片花"的色彩绚丽

（1）连续欣赏一片花，感受花的多种多样。

导语：我们一起去花园看一看。你看到了什么？有多少花？

（2）逐副欣赏"一片花"，感受色彩的美丽。

提问：这么一大片的花有哪些颜色？红色的花是一样颜色吗？还有什么颜色？黄黄的像什么？紫紫的像什么？看到一大片花海，你有什么感觉呢？

（3）小结：春天来了，公园里、草地上开满了花。有的像太阳一样红，有的像香蕉一样黄，深深浅浅的，很好看。

2. 讨论画法，尝试表现一大片花

（1）出示绘画工具材料，讨论大花小花的绘画方法。

这么漂亮的一片花，怎么让它开到画纸上？小一点的花怎么画呢？（点一点）大一点的花可以怎么画？（按一按）

（2）讨论一大片花的绘画方法。

怎样画出深深浅浅的花朵？（换色点彩）

怎么画出一大片的花呢？（将画面画满）

3. 幼儿创作，教师指导

重点提醒幼儿画好多好多花，才能变成一大片花海。

4. 展示作品，相互赏析

提问：你画的一片花儿是什么颜色的？小花的深浅不一是怎么画出来的呢？

活动四：花儿一串串

【活动目标】

（1）欣赏并感受成串生长的花的造型美及色彩美。

（2）尝试用水粉笔在花茎的两侧用点、短线和简单的图形添画花朵，表现花儿一串串的形态美。

（3）喜欢参加欣赏活动，大胆表达自己对花朵造型和排列特征的想法。

【活动准备】

（1）活动前带幼儿观察一串一串的花。

（2）PPT，背景音乐，黑色画纸（画纸下端画有一排花茎），水粉笔，颜料（黄色、红色、粉色、白色等）。

【活动过程】

1. 播放图片，欣赏"串串花"的美

(1) 欣赏风信子花，感知点状花朵成串生长的美。

提问：风信子花是什么样的？像什么？小花是长在哪里的？怎么长的？

(2) 欣赏铃兰花，感知圆形花朵成串生长的美。

提问：铃兰花的花朵看起来像什么？花儿长在哪里？像什么？

小结：铃兰花长在弯弯的花茎上，一朵接着一朵挂下来，像排着队一样。

(3) 欣赏一串红花等，感知长条形花朵成串生长的美。

提问：一串红花朵是什么样子的？看起来像什么？

(4) 欣赏鲁冰花，感知双色串串花的美。

提问：鲁冰花的颜色有什么特点？

(5) 小结：这些花都是一串一串的，一根花茎上有许多朵花，有的花朵一点一点的像葡萄，有的花朵圆圆的像苹果，有的花朵长长的像铃铛，它们都是一串串地长在花茎上的。

2. 师幼讨论，探索"一串花"的画法

提问：今天我们也来画一串一串的花儿。你想画什么样子的一串花儿呢？你来试一试。

小结：在画的时候，可以用小点画一点一点的像葡萄一样的花，也可以用大点和圈画圆圆的像苹果一样的花，还可以用短短的线长得像喇叭一样的花。

3. 幼儿创作，教师指导

教师观察幼儿的绘画情况，提醒幼儿正确地用笔并更换颜色；引导个别幼儿有创意地使用颜色表现花朵的颜色间隔特征，画出花蕊等。

4. 展示作品，相互欣赏

你画了什么样的一串花？是怎么画出来的？

中班主题：我的树朋友

【设计意图】

幼儿园里种满了各种各样的树，它就像我们身边的一位沉默的朋友，天天陪伴着我们，给我们美好的童年回忆。因此，我们围绕"树"这一幼儿园现成的活教材，让孩子们去看树、听树、闻树、摸树，和树从容相处。让幼儿用他们天生的好奇心与敏锐的观察力，去发现树的种种样貌，以喜欢的艺术形式去表达对树的认识。

【主题目标】

(1) 喜欢探索发现树木的变化，体会大自然的美与奇妙。

(2) 观察发现不同树木的外形、结构特征，能用多种艺术形式表达自己的体验。

(3) 有良好的绘画习惯和收拾整理习惯。

活动一：枝枝丫丫的树

【活动目标】

(1) 在观察、欣赏图片的基础上，感受不同姿态树木的造型美。

(2) 尝试用长长短短、弯弯曲曲的线条表现树枝和树叉。

【活动准备】

(1) 幼儿已观察过周围环境中的各种树木，重点欣赏过树枝的多种造型变化。

(2) 多种形态的树的 PPT，颜料（每组 3~4 种色彩协调的颜料），水粉笔，有背景的画纸。

【活动过程】

1. 回忆生活中的树，引出主题

提问：在生活中，你看到过什么树？它是什么样子的？

2. 欣赏图片，了解树的特征

(1) 观察树干树枝生长特点，欣赏其造型美。

提问：这棵大树的树干是什么样的？树干上面有什么？它的树枝是什么样的？看起来像什么？树枝是往哪里生长的？引导幼儿用手臂模拟树枝的生长方向。

小结：树枝长在树干上，有的树枝细，有的树枝粗，向着天空生长。

(2) 欣赏树枝曲直的造型特点。

提问：这两棵树的树枝分别是什么样子的？看起来像什么？

(3) 展开想象"我是一棵树"，引导幼儿将身体作树干，手臂和手指作树枝，自由地用身体动作模拟树枝的生长方向和树枝的曲曲直直，感受枝条不同的生长形式和生长方向。

(4) 师幼共同小结树枝的多种造型。

小结：大树有粗粗的树干，树干上有许多树枝，有的直直的、有的弯弯的、有的长长的、有的短短的，它们都连接在一起生长。

3. 主动探索，尝试作画

(1) 师幼共同探索，请个别幼儿局部示范。

(2) 教师根据幼儿的讲述示范画分叉的长长的树枝。

(3) 教师巡回指导，重点引导幼儿大胆表现出不同生长方向的、不同曲直的树枝，并能表现茂密的树叉。提醒幼儿画出较长的线条，注意线条和线条的连接。

4. 欣赏交流，提升经验

你是怎么画出许多的树枝的？弯弯的树枝是怎么画出来的？你最喜欢哪棵树，为什么？

活动二：柳树姑娘辫子长

【活动目标】

(1) 了解柳树枝条细长、低垂、柔软的特点，感受一片柳树林的柔美和飘逸。

(2) 学习水粉笔的不同使用方法，尝试用笔的侧面蘸上颜料画出细细长长的柳条，用不同的绿色表现春天的柳树。

【活动准备】

PPT 课件，音乐，画纸，水粉颜料（黄色多、蓝色少），水粉笔等。

【活动过程】

1. 谈话导语，激发兴趣

提问：春天里的柳树姑娘是什么样的？

2. 欣赏图片，感知特点

图一：歌里说的柳树的辫子指的是什么？柳枝是什么颜色的？一阵风吹过，柳树的枝条会有什么变化？你有什么样的感觉？

图二：柳树的树干是什么样子的？什么颜色的？

图三：柳枝上还有什么？柳叶是什么样子的？看起来像什么？

图四：柳树的枝条长在树干的什么位置？是从树干的什么地方开始分叉的？

3. 主动探索，大胆表现

(1) 师幼共同探索，请个别幼儿示范。

柳树姑娘这么美，我们把她画下来吧，怎么画呢？先画什么？树干怎么画？谁来试一试。

(2) 教师引导幼儿画简单的柳条。

柳树姑娘细细长长的辫子怎么画呢？

提醒幼儿用水粉笔的侧面蘸上颜料画出细细长长的柳条。

(3) 幼儿尝试表现柳树，引导幼儿进行画面的布局。

你想画几棵柳树？画在画纸的什么地方？微风吹过，柳树姑娘的辫子会有什么变化呢？怎么画出微风中的柳树姑娘吗？

4. 幼儿创作，教师指导

(1) 提醒幼儿表现 2~3 棵柳树，鼓励幼儿大胆创作。

(2) 引导幼儿表现柳树上深浅不同的绿色，学习有目的地使用颜色，画长长的、流畅而飘逸的线条。

5. 展示作品，欣赏交流

提问：你是怎么画柳树姑娘的辫子的？

活动三：树干上的花纹

【活动目标】

(1) 观察大树树干上的纹理图案，了解树纹的多样性。

(2) 能用写生的方式表现树干纹理的图案美，表达对树干纹理的认识。

(3) 感受自然世界中的细节美。

【活动准备】

画板，画纸，铅笔（或签字笔），范例图片 3 张。

【活动过程】

1. 谈话导入，回忆写生画的经验

提问：什么是写生画？我们上次画写生画时是怎么画的？

2. 观察并了解写生大树花纹的方法

(1) 引导幼儿观察大树树干上独特的纹理，在比较中发现树干上花纹的不同特征。

提问：树干上面有些什么？

小结：树干上有许多好看的花纹，有的是横纹和点点，有的是竖形的。

(2) 引导幼儿将树干的纹理特征与具体的图案进行联系，进行口语化、拟态化的联想表述。

提问：白桦树上的花纹像什么？柳树树干上的花纹像什么？

小结：白桦树树干上的花纹有点像眼睛，柳树树干上的花纹就好像竖线在排队。

3. 讨论树干花纹的绘画方法

提问：我们怎么画大树树干上的花纹呢？先画什么，后画什么？

小结：先观察树的外形，尽量在画纸上画出大树的局部；再仔细观察树的细节，把观察到的树皮、纹路、小疙瘩都画出来，看到的是什么就画成什么，这就是写生画。

4. 幼儿作画，教师指导

(1) 鼓励幼儿将树干画高画粗，留有表现空间。

(2) 鼓励幼儿将观察到的树皮细节进行重复表现，产生韵律美，用细节填满整个树干部分。

(3) 鼓励幼儿添画相应的场景完善自己的作品，丰富画面内容。

5. 展示作品，欣赏交流

提问：小朋友的作品中，有哪些好看的花纹呢？你喜欢谁的作品呢？为什么喜欢它？

活动四：多彩的秋林

【活动目标】

(1) 了解点彩的表现技法，学习用叠加法、过渡法表现美丽的秋林。

(2) 能从不同的角度表现秋天树林的色彩美，合理布局、疏密有致。

(3) 感受秋天树林色彩的绚丽感，激发热爱秋天、热爱大自然的情感。

【活动准备】

(1) 观察了解秋天树林的特点和变化。

(2) 各色水粉颜料（暖色较多），水粉笔，调色盘，棉棒，图画纸，树林风景课件，背景音乐《秋日私语》等。

【活动过程】

1. 谈话导入，激发兴趣

提问：现在是什么季节？你怎么知道秋天来了？

2. 欣赏视频，感知色彩

提问：秋天的树林是什么样子的？

小结：秋天的树林颜色多姿多彩，我们从不同角度（俯视、仰视和平视）观察到的树林是不同的。

3. 欣赏交流，探索点彩树林的方法

(1) 观察画家表现的内容和树叶色彩的分布特点，分析画家的表现方法——点彩技法。

提问：秋天的树林真的好美！许多画家也喜欢秋天，画家笔下的秋林是什么样子的？有哪些色彩？你觉得哪里画得好看？

(2) 邀请个别幼儿尝试示范点彩技法，师幼共同探索一点一点连成一片的方法以及两种色彩融合在一起的方法。

提问：画家是用什么方法画出这么美丽的树叶的？怎样才能点出密密的树叶？怎样点才能让两种颜色的树叶融在一起呢？

小结：画家是用点彩的方法，将不同颜色的小点点和小色块有序排列或交错叠加在树干周围。

(3) 欣赏其他关于秋天树林的水粉作品，引导幼儿观察作品的内容、构图、色彩以及点彩技法的运用，扩展审美经验。

提问：这幅画里叶子快要落光了，只剩下树干和很少的树叶。它的树干是什么样子的？哪些地方是用点彩的方法画的？

小结：可以用平涂的方法画各种各样的树干、树枝，用点彩的方法画树叶。

4. 幼儿作画，教师指导

(1) 明确作画内容和方式，讨论作画的顺序。

提示：可以画一棵很大的树，也可以画很多棵树。先画树干、树枝，再画树叶，也可以给地面添上落叶。

(2) 幼儿自由选择作画的位置，开始作画。

分层次指导幼儿，鼓励能力弱幼儿用平涂和点彩的方法表现色彩丰富的树林，鼓励能力强的幼儿大胆尝试叠加法和过渡法。

5. 布置画展，交流分享

(1) 将幼儿的作品布置成画展。

(2) 幼儿互相欣赏作品，分析作品中美的地方，引导幼儿关注作品中色与色交融带来的变化。

提问：谁来介绍一下自己的作品？你觉得哪幅画的色彩、构图好看？有些颜色老师没有提供，你是怎么画出来的？

中班主题：开花的树

【设计意图】

春天很美，桃花嫣红，柳枝碧绿。五彩缤纷的春天带给孩子无限惊喜：树什么时候发芽了？最先开花的是谁？还有哪些树也能开花？孩子们对树木的变化、刚开的花朵充满兴趣，一个一个的疑问促使他们倍加关注这些种在园子里的树。因此，结合季节特点，就诞生了"开花的树"这一主题。教师以幼儿园里的桃树、玉兰树为切入点，借助孩子在外出郊游时拍摄一些树木花草的摄影图片，引导幼儿留意幼儿园里开花的树，发现藏在身边的美，用绘画的方式表现春天的色彩。

活动一：桃花朵朵开

【活动目标】

(1) 了解桃树和桃花的造型与色彩特点，感受桃花盛开的美。

(2) 尝试用不同深浅的褐色和粗细曲直不同的线条表现一片刚劲有力的小桃林，用点彩的方法和不同深浅的桃红色表现一片盛开的桃花。

(3) 有序进行操作，养成良好的操作习惯。

【活动准备】

（1）活动前带领幼儿观察桃树。

（2）PPT，画纸，颜料，水粉笔，抹布。

【活动过程】

1. 谈话导入，激发兴趣

提问：春天里的桃林是什么样的？

2. 欣赏图片，感知特点

（1）观察桃树的图片，交流桃树的外形特征。

提问：桃树是什么样的？

（2）对比欣赏，感受桃树树干的特征。

提问：和白杨树比一比，桃树的树干是什么样的？桃树的树干是什么颜色的？桃树的树枝从什么地方开始分叉长枝条？树枝是什么颜色的？

小结：桃树的个子矮小，树干比较粗糙，树皮有很深的纹路，从很低的地方开始分叉长出枝条，枝条特别多，看起来很有力气，树干和枝条都是深浅不同的褐色。

（3）了解桃花的造型和色彩特点，感受桃花盛开时的温馨和浪漫。

提问：桃树开花是什么样子的？给你什么样的感觉？桃花开在桃树的什么位置？桃花是什么样子的？同一朵花的颜色一样吗？

小结：桃花开在桃树的枝条上，花瓣大多是椭圆形的，桃花有白色的、粉色的、红色的，每一朵的颜色有变化，同一朵花瓣中靠近花蕊的颜色比较深，然后越远越浅。

3. 交流讨论，探索画法

（1）师幼共同探索树干和树枝的画法。

提问：粗粗的树干可以怎么画？（笔肚用力从下往上逆锋作画）

分叉的细枝怎么画？（水粉笔侧过来画细细的树枝）

蘸色、换色时要注意什么？（将笔擦干净）

（2）师幼讨论怎样用深浅不同的颜色表现一朵盛开的桃花。

提问：桃树上一朵一朵的桃花怎么画？可以用什么方法？（点彩）

先画什么？再画什么？花瓣长在什么地方？（花蕊的周围，围绕着花瓣）桃花开在哪里呢？一棵桃树上的桃花有什么不一样呢？（有的深，有的浅）怎样画出颜色深浅不同的花朵？蘸颜色的时候要注意什么？

4. 幼儿创作，教师指导

（1）提醒幼儿注意画面的布局，画3~4棵桃树。

（2）提醒幼儿变换深浅不同的颜色表现不同的桃花，并注意疏密感。

5. 展示作品，欣赏评析

你是怎么画桃花的？有什么好的方法，和大家一起交流一下。

活动二：一丛紫藤花

【活动目标】

(1) 了解藤本植物的造型特点，感受紫藤花的茂密绚烂。

(2) 尝试用不同粗细的线条和点线组合表现一株盛开的紫藤花。

【活动准备】

PPT，画纸，水粉颜料，水粉笔，抹布等。

【活动过程】

1. 谈话交流，激发兴趣

提问：你们见过紫藤花吗？是什么样的？

2. 欣赏图片，了解特点

(1) 浏览紫藤的图片，初步感受串串紫藤花的茂密绚烂。

提问：紫藤花是什么样子的？给你什么样的感觉？紫藤花长在什么地方？它和我们以前看到的花有什么不一样？

(2) 欣赏紫藤花的颜色，提问：紫藤花是什么颜色的？这些色彩一样吗？叶子长在哪里？

(3) 欣赏画家作品，扩展思路。

3. 讨论交流，探索尝试

提问：紫藤花怎么画？先画什么？后画什么？藤条可以怎么画？你想画几串紫藤花？怎么画？最后可以加上什么？叶子是什么样的？谁来试一试？

4. 幼儿创作，教师指导

指导幼儿尝试用不同粗细的线条和点组合表现一株盛开的紫藤花。

5. 展示交流，欣赏评析

提问：看看我们画的紫藤花，有什么感觉？你是怎样画出一串串的紫藤花的？

活动三：玉兰花开

【活动目标】

(1) 感受玉兰树开花时的色彩美和形态美。

(2) 尝试用水粉绘画一棵开花的玉兰树，能表现玉兰花的不同形态。

【活动准备】

PPT，画纸，水粉颜料，小号水粉笔，抹布等。

【活动过程】

1. 欣赏玉兰花，感知玉兰花的形态特点

导语：我们幼儿园有两株玉兰树，春天一到，满树开满了玉兰花，非常美。我们来看看玉兰花是什么样子的。

（1）欣赏花苞的形态。

提问：仔细看花苞是什么样子的？看起来像什么？

（2）欣赏微微开放的花朵。

提问：这朵玉兰花是什么样子呢？看起来像什么？花瓣是什么形状的？玉兰花的颜色是什么？

小结：春天来了，玉兰树长出了小花苞，小小的、尖尖的，像一个个小辣椒……天气越来越暖和，小花苞慢慢地开放了，白的、紫的，越开越大、越来越美。

2. 观察玉兰树的形态特点及生长环境

提问：这些玉兰花开在哪里？玉兰树的枝条是什么样子的？是怎么生长的？你们还在哪里看见过玉兰树？

小结：玉兰树有长长的、向上生长的枝条，枝条的顶端开满了花朵，很漂亮，人们喜欢用它来装扮环境。

3. 讨论玉兰树的造型方法和构图方法

提问：你想画几棵玉兰树？要先画什么？后画什么？怎么画？最后可以加上什么？谁想来试一试？

4. 幼儿创作，教师指导

（1）提醒幼儿用不同粗细的线条表现树干和树枝。

（2）鼓励幼儿大胆尝试，用丰富的色彩表现出玉兰花偏长的花瓣和不同姿态。

5. 展示作品，欣赏评价

师幼围绕树形和玉兰花的姿态进行交流。

活动四：花落知多少

【活动目标】

（1）通过欣赏花瓣飘落的画面，了解色彩深浅变化的规律。

（2）尝试使用不同的粉色和点彩的方法表现飞扬、飘散的花瓣。

（3）感受几米作品所营造的温馨、恬静的意境美。

【活动准备】

几米作品的 PPT，画有各种各样树干、树枝的画纸，粉色系的颜料，水粉笔，抹布等。

【活动过程】

1. 谈话导入，激发兴趣

提问：春天到了，哪些花儿会开呢？

2. 欣赏作品，感受几米作品温馨、恬静的意境

图一：春天到了，小姑娘出门去，她来到了什么地方？花儿开在哪里？长什么样子？风儿一吹，花儿怎么样了？花儿飘到了哪里？小姑娘抬起头，她在干什么？她又会说什么呢？

图二：这里的花是什么颜色的？花落到了哪里？我们用身体动作来学一学花瓣飞舞样子。

图三：这里的花都怎么样了？风是从哪里吹过来的？远远看上去是什么样？

3. 大胆尝试，主动探索

提问：这样一点一点飘散的花，我们可以用什么方法来表现？（点彩）让颜色变浅，可以加什么颜色的颜料？（白色）

4. 幼儿作画，教师指导

指导幼儿用点的疏密来表现飞舞的方向，来表现动感。

5. 展示作品，欣赏评析

你们画的花儿是什么样的？你的花瓣会飞到哪里去呢？

大班主题：各种各样的房子

【设计意图】

除了山水风光的差异外，不同风格的房子是一个最能"窥见"文化差异的地方。本主题以"欣赏各种建筑"为切入点，引导幼儿去关注生活中各种各样的房屋建筑。孩子们的视野穿越千里，在参观、欣赏、交流、表现的过程中，初步了解古今中外房子的不同风格，感受建筑壮观和厚重的美。

活动一：我的小区

【活动目标】

(1) 以先画勾线，后涂色的方法，画出自己所在小区的房屋建筑及景色。

(2) 能大胆选用自己喜欢的颜色涂画小区里不同建筑的造型。

(3) 发现小区的美，萌发对小区的热爱之情。

【活动准备】

(1) 事先领幼儿到小区观察一下，重点引导幼儿观察小区里的建筑和公共设施、楼房的细节等。

(2) 有小区建筑图片、轻音乐《天使》等的 PPT，水彩笔，炫彩棒。

【活动过程】

1. 谈话导入，产生兴趣

(1) 谈话引发幼儿回忆"我家的小区"，引导幼儿说一说小区楼房的样式、颜色等。

(2) 教师提出问题："如果请你来设计，你还想在小区里设计上哪些建筑呢？"激发幼儿设计新小区的愿望，并积极鼓励肯定幼儿独特的想法。

2. 幼儿绘画，教师指导

(1) 教师提出作画要求：要先用黑色笔勾画小区建筑，再使用油画棒涂色。

(2) 幼儿作画时，教师有目的地观察幼儿，适时介入，鼓励幼儿将自己独特的创意画出来。

(3) 鼓励幼儿能够大胆给小区建筑涂色，关注个别幼儿的坐姿、握笔姿势等。

3. 展示作品，欣赏评析

(1) 展示作品时，将幼儿单幅作品贴在背景板上，鼓励先画完的幼儿为小区添画车辆、树木等。

(2) 鼓励幼儿自评时，能够将自己的绘画的独特想法与伙伴交流；帮助幼儿进行互评时，能够围绕着创意、用色等发现伙伴的作品的亮点。

(3) 引导幼儿评价完自己的作品后，和伙伴一起商量给小区起一个名字，将作品投入结构区进行搭建。

活动二：高高的城楼

【活动目标】

(1) 了解城楼的造型特点及功能，感受城楼的雄伟壮丽。

(2) 学习用对称、虚涂、叠加等方法表现城楼的造型特点和厚重感。

(3) 耐心细致地完成作品，养成良好的学习品质。

【活动准备】

城楼的 PPT，画纸，水彩笔，炫彩棒等。

【活动过程】

1. 谈话导入，激发兴趣

交流：你们看过城楼吗？是什么样的？

2. 交流比较，了解造型特点

(1) 完整欣赏多张城楼图片，整体感受城楼雄伟壮丽的外观。

提问：城楼是什么样子的？给你什么样的感觉？城楼有什么作用呢？

小结：城楼的两边一模一样，这样的特性叫对称。

(2) 欣赏图片，了解城楼的造型特点及功能。

提问：城门上的楼有几层？是什么样的？是什么颜色的？城楼上还有什么？这些城楼是哪个国家的？

小结：我们中国古代的人建了很多这样的城楼，他们非常能干。

3. 集体讨论，探索用对称、虚涂、叠加等方法表现城楼的造型特点和厚重感

提问：怎么画城楼呢？城门厚厚的感觉可以怎么表现？怎么涂色？谁想来试一试？

4. 幼儿创作，教师指导

(1) 用对称的方法表现城楼的造型特点，注意城楼的构图比例。

(2) 用虚涂、叠加的方法表现城楼的厚重感。

(3) 添画红灯笼和五星红旗，增加画面情趣。

5. 欣赏评价，提升经验

(1) 交流：你的城楼有几层？是什么样的？用到了哪些颜色？

(2) 将图片作为设计图投放在在建筑区，引导幼儿与同伴合作搭建城楼。

活动三：青山绿水映民居

【活动目标】

(1) 感受徽派建筑错落有致、朴素淡雅的意境美。

(2) 尝试在青山绿水的背景纸上用蜡笔勾线、水粉涂染等方法表现青砖小瓦马头墙等徽派建筑。

(3) 能与同伴共享空间和操作材料，养成有序操作的良好习惯。

【活动准备】

徽派建筑的 PPT，有青山绿水背景的画纸，黑色蜡笔，中号笔，黑、白、灰色水粉颜料，抹布，颜料盘。

【活动过程】

1. 谈话导入，激发兴趣

提问：你住的房子是什么样的？今天老师带你们去看看南方的房子，看看它们是什么样的？

2. 欣赏图片，了解特点

提问：这些房子都是徽派建筑。房子的屋顶是什么样的？瓦片是什么颜色的？墙上有什么？是什么样子的？有什么特别的地方？这些徽派建筑的周围有什么？让你感觉怎么样？

小结：徽派建筑有高脊飞檐，大多建造在依山傍水的地方，美丽的大自然衬托着青瓦灰墙，更加漂亮。

3. 欣赏画家的作品，探索画法

提问：画家也去了安徽那一带，画下了安徽民居，屋顶都是什么样的？房子和房子是怎么排在一起的？

4. 主动探索，大胆尝试

(1) 集体讨论创作方法和画面构图。

提问：今天我们也来画徽派民居，看看今天的材料有哪些？你觉得每种材料怎么用呢？

小结：先用深色蜡笔勾出房子轮廓，然后用水粉涂色。画之前要先想一想房子画在什么位置最合适，这样画面看上去才更美。

(2) 幼儿创作，教师观察指导。

指导幼儿在画纸上用蜡笔勾线、水粉涂染等方法表现青砖小瓦马头墙等具有徽派建筑主要特点的一组建筑。

5. 展示评价，提升经验

你喜欢哪一幅作品，为什么？

活动四：纸袋上的城堡

【活动目标】

(1) 欣赏城堡的造型美和组合美，了解城堡的外形特点。

(2) 运用油画棒在纸袋上表现出彩色的城堡，尝试将城堡连接起来。

(3) 喜欢设计、装饰环保袋。

【活动准备】

(1) 幼儿初步了解城堡的一些知识。

(2) 课件"城堡"，背景音乐，牛皮纸袋，油画棒，黑色勾线笔。

【活动过程】

1. 谈话导入，激发兴趣

提问：你听说过城堡吗？它是什么样子的？

2. 欣赏图片，了解特点

(1) 欣赏现实生活中的城堡图片，感受城堡的造型美和组合美。

提问：这片城堡有几座房子？都是什么样的房子？城堡与我们平时的房子有什么不同？

小结：不同的城堡其房顶不同，有圆形房顶、三角形房顶等；城堡中的城楼一个挨着一个，有高有矮，错落有致。

(2) 引导幼儿欣赏动画故事中的城堡，引导幼儿感知城堡一座靠着一座的特点。

提问：动画故事中的城堡是怎么画的？颜色有什么变化？

3. 讨论交流，探索画法

(1) 请个别幼儿探索示范。请一名幼儿先来绘画一个城楼，鼓励他表现出楼顶，加上窗户和门。

提问：你想画一座什么样的城堡？楼顶是什么样子？窗户和门是什么样的？

(2) 再请一名幼儿接着画，画的时候紧挨旁边的城楼。

提问：谁能紧靠着这座城楼再画一座，应该怎么画？为什么只画了半边的线条？你想画怎么不同的房顶和窗户？

(3) 教师根据幼儿探索边小结边构图，给幼儿以启发。

小结：最高的房子可以在正中间，也有的偏一点，还有的是在右边或左边。可以先画最高的房子，再画其次的，最后画一些矮矮的太多的房子画不下时，还可以画在古堡的后面。

4. 幼儿绘画，教师指导

提出以下要求。

(1) 在纸袋上绘画美丽的城堡，让纸袋变得漂亮。

(2) 除绘画城堡外，还可以添画一些事物，让画面更加完整和丰富。

(3) 城楼一座挨着一座，可以设计出不同的屋顶和窗户。

5. 展示交流、分享作品

(1) 请小朋友们拎着自己绘制的小纸袋互相欣赏交流，说一说自己设计的古堡是什么样子的？

(2) 将幼儿设计的城堡手提袋投放到活动区，作为活动区里的购物袋使用。

活动五：未来的房子

【活动目标】

(1) 通过观察、交流、经验迁移和想象，感受未来建筑造型的奇异、功能的先进和环境的独特。

(2) 选择和自己设计相一致的、有背景的作业纸,大胆想象并尝试设计未来的城市建筑。

(3) 学习与同伴商量,分工合作,共同完成一组未来城市建筑画面。

【活动准备】

(1) 幼儿欣赏、绘画过各种建筑。

(2) 各种房子的图片PPT,幼儿已经刷好背景或色彩的画纸,油画棒,黑水彩笔。

【活动过程】

1. 谈话导入,激发兴趣

提问:最近我们看过、画过过各种房子,你对什么房子印象最深?为什么?

2. 欣赏图片,感知特点

(1) 完整欣赏各种房子的图片,感受房子造型的多样性。

提问:今天老师还带来了些造型和功能都比较奇特的房子,一起来看一看。

① 美国菜篮大厦:这座房子门在哪里?窗户在哪里?

② 达·芬奇旋转塔:请大家猜猜这些房子是做什么用的?房子是什么形状的?像什么?

③ 鞋房子、蘑菇屋、倒立的房子:你对哪座房子最感兴趣?为什么?

扭曲的房子、积木之家:地下洞穴屋、水中浮屋、莲花寺:这些房子有什么特别的地方?建在什么地方?

3. 幼儿设计,教师指导

(1) 小组讨论,要设计的未来的房子模型。

提问:我们看过古代和现代的房子,那未来的城市里的房子会是什么样的呢?如果请你们一起来设计一座未来的城市,你们会设计成什么样?小组一起想一想,你们将怎么合作完成一座未来的城市创作?

(2) 幼儿创作,教师指导。

提出要求:注意房子的造型和房子的功能相结合。大胆想象,房子的造型可以是幼儿想象的任何一种样子;最后的作品是用来拼成一座未来城市元素,画之前要先去想自己设计的房子在一座城市里做什么用。

4. 展示作品,评价交流

(1) 提问:你设计的房子建在哪里?做什么用?有什么特别的地方?

(2) 将幼儿的作品投放在建筑区,一起根据作品搭建"我设计的房子"。

(二) 我身边的事——体验过程之美

幼儿的创作过程和作品是他们表达自己的认识和情感的重要方式。幼儿通过美术活动表达自己的感受，宣泄被压抑的情绪，获得成功感和自信心。

1. 回归生活的美术活动是最有生命力的

幼儿通过多角度的过程体验与艺术实践，发现了生活中存在的美，学会了用心感受生活、感受世界，自信而快乐地用绘画表现世界、表达自我。例如，在"过新年""庆元宵"的主题背景下，小班开展了美术活动"挂彩灯"。孩子们和爸爸妈妈一起经历了做花灯、玩花灯、做元宵、吃元宵等快乐的过程，体验着元宵节的快乐。活动中，教师将元宵节发生的实景，引入绘画活动中：照片回放的方式展示不同家庭的迎新年、庆元宵活动，唤醒了幼儿对"元宵节挂灯赏灯"这件事情的美好回忆。他们滔滔不绝地讲述自己最喜欢的花灯，重温了元宵闹花灯的热闹气氛。愉悦的情感体验是幼儿表达表现的源泉，这种源于生活的体验催生了幼儿创作的动机。从幼儿的创作中，我们真切感受到孩子对花灯的喜爱，他们对花灯的表现让人惊叹：老鼠灯、兔子灯、梨灯、鱼灯、苹果灯、饼干灯……这些创意，如果没有前期的生活体验，幼儿是难以表现出来的。

2. 幼儿对周围生活的体验是其艺术创作的源泉

丰富的生活经历和广泛的活动参与能拓展幼儿美术创作的内容，激发扩散性思维。比如，大班开展了"一起去劳动"美术创作活动，让幼儿亲历体验劳动过程，感知人、事、物的关系。在活动中，教师通过层层细致的、由浅入深的引导，帮助幼儿明确了人物形象相互之间的位置、大小、主体与背景的关系等。幼儿在绘画过程中以自己独特的视角表现劳动的火热场面，细致刻画了自己或同伴在家、在园劳动的样子以及周围的场景，在构图上出现了横竖构图、单排、三排的构图，物体间的空间距离、遮挡关系的表现手法日趋成熟，在创作中体验到了过程中的有序美。

再比如，在大班进行的"我们爱运动"绘画中，教师没有急于让孩子去画，而是在活动前先带领幼儿在户外运动，组织孩子玩跳绳、拍球、赛跑等活动。在玩的同时引导他们认真观察、分析"人"在做不同运动时，身体正面、侧面不同的动态变化，使幼儿在过程体验和观察模仿中，感受运动中人物的动态美、力度美。活动中，教师运用运动员运动图片、幼儿运动时的照片、运动员比赛的视频等，帮助幼儿了解运动项目，关注不同运动项目的不同比赛场景，让幼儿形象地感受到绘画主题和与之相关联的场景变化，跑道上、草坪里、空中、水里等，进一步感知运动姿态的多种多样。然后通过"我做你猜"的游戏和"木偶小人想参加运动"游戏情境，直观地再现人物动态特征，为幼儿将运动姿态迁移到画纸上搭建了一个桥梁。幼儿只有充分体验了过程，才能在作品中呈现出生动丰富的充满过程性、情节性的画面。最终，幼儿所画的运动中的人不仅仅包括一个个特别的动作，还有生动的场景、有趣的情节，真实感人。

小班活动：挂彩灯

【设计意图】

"正月十五闹花灯，雪打花灯好年景。"开学伊始，幼儿还沉浸在新年的欢乐中，因此，我们设计了美术活动"挂彩灯"，通过亲手描绘彩灯，回忆已积累的图形并迁移运用到创作中，使孩子因活动体验引发的创作动机得以满足。

【活动目标】

(1) 了解正月十五是传统的元宵灯节，重温元宵节闹花灯的热闹气氛。

(2) 迁移运用积累的图形符号表现自己喜欢的彩灯造型，尝试用炫彩棒给彩灯涂色。

【活动准备】

画有绳子的橘黄、淡绿背景纸，固体胶，抹布，水彩笔，炫彩棒等，用亲子制作的元宵灯布置教室。

【活动过程】

1. 情景导入，激发兴趣

提问：这些照片的人们在干什么？这是在庆祝哪个节日？

2. 欣赏交流，感知特点

(1) 观赏教室里悬挂的自制元宵灯，感知花灯的颜色、结构。丰富词：流苏。

提问：你最喜欢哪盏灯？花灯是什么样子的？

(2) 通过观察分析，引导幼儿探究挂花灯的方法。

提问：花灯是怎样做出来的？

3. 主动探索，大胆尝试

(1) 师幼共同探究挂花灯的方法。

做彩灯（画灯）→点亮彩灯（用炫彩棒给彩灯涂色）→装流苏（添画小穗穗）→挂彩灯（添画绳子）。

(2) 引导幼儿探索用不一样的图形符号表现自己喜欢的彩灯造型。

提问：你还想挂一盏什么彩灯？谁来试一试？请幼儿演示。

4. 幼儿作画，教师指导

(1) 鼓励表现不同造型的彩灯，并给彩灯命名。

(2) 提供炫彩棒点亮彩灯（在灯内涂色，不留小白点）。

5. 作品展示，欣赏评析

赏析幼儿作品，共同分享闹花灯的快乐。

中班活动：一起去劳动

【设计意图】

刮画是幼儿很喜欢的一种绘画方式。本次活动中，教师运用刮画的形式引导幼儿观察自己和同伴劳动的照片，大胆表现劳动的热闹场面，尝试运用竹笔、牙签、笔芯、竹筷、曲别针等工具细致刻画小朋友劳动时的动态，体验刮画的快乐。

【活动目标】

(1) 观察人物劳动时的不同动态，了解线描刮画的艺术表现特点。

(2) 尝试借助自己喜欢的工具进行创作，大胆表现自己或同伴参与劳动的动态和场景。

(3) 感受大家一起劳动时热闹、欢快的场面，体验刮画的快乐。

【活动准备】

幼儿劳动时的照片，刮画纸，用完的签字笔芯、牙签、冰糕棍，会活动的人物卡纸范例等。

【活动过程】

1. 欣赏照片，观察动态

(1) 请幼儿观察、讨论小伙伴劳动时的各种动态。

提问：照片上有谁？他们在干什么？

(2) 请幼儿学一学小伙伴劳动时的样子，感受人物劳动时的各种动态。

2. 教师示范，感知刮画艺术特点

(1) 出示刮画纸，用签字笔芯刮画，请幼儿说一说出现了什么有趣的画面、画上的人在干什么。

(2) 请幼儿用卡纸范例摆出刚才人物的动态，启发幼儿摆一摆小伙伴劳动的其他动作，如擦玻璃、叠衣服、擦桌椅、刷碗、择菜等。

3. 幼儿绘画，教师指导

(1) 提出作画要求：把自己或同伴在家、在园劳动的样子画下来，可以画一个人物的动态，也可以画多个人物的动态；要画出周围的场景，看谁能画得和别人不一样；大胆使用不同工具进行线描刮画，画面色彩、线条尽量丰富。

(2) 分层指导幼儿活动，引导能力强的幼儿用线条刻画细节部分；鼓励能力弱的幼儿大胆绘画，注意画面的合理布局。

4. 欣赏评析，交流提升

引导幼儿从绘画主题、工具使用、创新性等方面进行交流。

大班活动：我们爱运动

【设计意图】

大班的幼儿活泼好动，对各种运动都很感兴趣，也很乐于参与其中。基于此，我们开展了和动态人创作有关的教学活动——"我们爱运动"。本活动中幼儿观察大量的动态图片，摆弄有趣的动态木偶人，模仿体验各种运动的造型动态，帮助幼儿初步建构运动中人的动作与姿态的关系，在观察和回忆的基础上按意愿画出自己和小伙伴运动的场面。

【活动目标】

(1) 在观察与回忆的基础上按意愿画出自己和小伙伴运动的场面。

(2) 能变换四肢的方向画出各种运动姿态，大胆使用色彩表现运动的感觉。

(3) 喜欢运动，感受砂纸画创作中色彩搭配带来的不同效果。

【活动准备】

(1) 运动员运动的视频，PPT 课件，每小组 1 个四肢可以活动的木偶人，砂画纸，油画棒，炫彩棒。

(2) 课前引导幼儿观察模仿，丰富各种各样的运动经验。

【活动过程】

1. 游戏猜想，激发兴趣

游戏"我来做你来猜"：个别幼儿展示动作，引导幼儿根据观察正面、侧面运动时不同的姿态，猜运动名称。

2. 主动探索，感知表现

(1) 播放运动员运动的视频，感受运动员运动项目的多种多样。

提问：他们在做什么运动？运动时身体是什么姿态？他们的心情怎么样？你是从哪里看出来的？

小结：运动员们有的在跳高，有的在水里游泳，有的在奔跑。运动的形式有单人项目、双人项目、多人项目。

(2) 出示幼儿在户外运动的照片，师幼共同回忆并描述运动时的各种姿态、动感及愉悦情绪下脸部的变化特征，并尝试模仿做动作。

提问：小朋友在做什么运动？你能学一学吗？当时的心情怎样？

(3) 幼儿探索操作木偶人，使幼儿知道变换四肢的方向能表现各种动态。

提问：这是一个四肢会动的木偶人，你想把它变成什么样的运动员？

3. 共同讨论，了解画法

（1）提问：今天我们要把自己和同伴运动的场面用绘画的方式给表现出来，该如何表现最好呢？那么多同伴在运动，你怎么给他们分配场地更好呢？

（2）教师根据幼儿的讨论出示图片摆放，便于幼儿学习和理解画面布局。

4. 幼儿作画，教师指导

（1）鼓励幼儿把自己印象最深或最喜欢的场面画下来。

（2）鼓励幼儿大胆地表现运动时高兴、热闹、大汗淋漓的样子，并添加合适的背景。

（3）对动态表现有困难的幼儿给予个别指导。

5. 展示作品，欣赏评价

引导幼儿和同伴相互欣赏自己的作品，并学一学运动员运动时的动作。

二、在审美中创作

法国著名雕塑家罗丹曾说过："美是到处都有的，对于我们的眼睛，不是缺少美，而是缺少发现。"的确，培养幼儿发现美的眼睛，提升他们的审美能力是幼儿园艺术教育的重要内容。在绘画活动中，我们积极创造机会，引导幼儿走进自然，联系生活，与绘本对话、与传统交流、与名画互动，萌生幼儿审美意识，增强审美感知，在多彩的艺术中激发审美创造，用自己的方式表达和创造美。

1. 走进自然，萌生审美意识

大自然中包含万象的景象和事物，如花鸟鱼虫、高山流水能给人带来视觉上美的感受和体验，是培养人审美意识和创造能力的有力载体。[49]因此，我们有意识地引导幼儿走进自然，关注自然中千变万化的景物，带着欣赏的眼睛去发现丰富多彩的美，接纳不同风格的美。

（1）从亲近自然中"寻"美。大自然原生态的美，是幼儿园开展美术审美教育绝好的资源，是帮助幼儿积淀艺术内涵最直接的方式。春天，我们带领幼儿感受草木萌生的神奇，欣赏花团锦簇的丽姿。夏天，我们引导幼儿倾听蛙叫蝉鸣，观察芙蓉花开、大树葳蕤的生机。秋天，我们组织幼儿在果园中、田野里动手采摘，感受收获的幸福。冬天，我们和幼儿一起堆雪人、打雪仗，欣赏雪景的美丽……幼儿从五彩缤纷的鲜花、树木、田野的四季变化中感受着自然风景的色彩美；从流水飞云、花草树木的飘动和摇曳中感受着自然风景的动态美；从鸟叫蛙鸣、北风呼啸、树叶婆娑、雨点叮咚之声中感受着自然风景的听觉美。

（2）从感知自然中"纳"美。大自然常见的风景中存在着不同风格、千姿百态的美：

柳树婀娜、白杨挺拔；春雨淅沥、夏雨滂沱。教师有意识、有目的地引导幼儿对话自然，积累大量各具特点的事物表象，接纳大自然中的各美其美，在体验欣赏中扩展对美的认识，为后面的绘画创作打下基础。

例如，春天可以带领幼儿到植物园远足，感受草木新绿的惊喜：小草从泥土里钻出来，赤脚踏上去，痒痒的；柳树上冒出了小嫩芽，小手摸上去，软软的；连翘花冒出了小花蕊，小鼻子凑上去，香香的；阳光晒在身上，闭上眼睛，感觉到暖洋洋的。夏天可以和幼儿一起户外观雨，感受大雨磅礴的美丽：雨点从天上掉下来，看上去一串串的；雨珠一跳一跳的落到地上，涟漪一圈圈的；小手伸出去，接一捧雨水，感觉凉爽爽的……幼儿运用多重感官感知大自然的多重面貌，积累丰富真实的审美感受和审美经验，在音美中感耳，在色美中感目，在意美中感心。

2. 联系生活，增强审美感知

生活中并不缺少美的事物，关键在于如何发现与认知。教师只有对日常生活中的事物有足够的敏感，才会有意识地引导幼儿去观察、去欣赏其中蕴含着的美的元素，才会使幼儿在对周围生活广泛的兴趣中主动获取更多的审美经验。

(1) 在源于生活中"积"美。"生活审美化"是现代生活的一种趋势，它提倡将艺术审美的态度直接融入现实生活中。众所周知，幼儿的审美感知是在日常生活中经过直接的接触，依靠日积月累逐步内化形成的。因此，我们把生活变成孩子美术探索的课堂，引导幼儿与审美对象之间的情感交融，全面地感受生活中各种物品的美。例如，利用假期周末，带领幼儿走出幼儿园，参观民居亭台、公园楼阁、立交桥梁等景观，感受周围建筑之美。结合主题活动，带领幼儿收集观赏风筝、青花瓷器、蓝印花布、年画对联，感受艺术文化之美。利用节日资源，组织幼儿元宵节欣赏并制作形态各异的灯笼、中秋节时举办月饼盒展、新年时剪纸窗花，感受传统工艺之美。利用家庭中的废弃的瓶罐、废旧纸盒、纸袋、旧衣等进行绘画创作，感受材料的多变之美。实践证明，这种与幼儿生活紧密联系的美术活动，不仅陶冶幼儿的情操，增强幼儿审美能力的发展，还激发了他们对美的创造者的敬仰之情。

(2) 在归于生活中"融"美。幼儿的审美体验既需要"从生活中来"，也要能够"到生活中去"，我们倡导幼儿在把"生活转换成艺术"的同时也把"艺术转换成生活"。例如，在小班幼儿的"过家家"主题绘画时，教师以师幼共同布置娃娃家环境为明线，以有层次地开展各种材料的印画活动为暗线，将幼儿的游戏、生活及美术印画活动有机地融合在一起。活动前，教师组织幼儿回忆自己家中的相关摆设，了解"娃娃家"所需的物品。活动中，教师引导幼儿用车轮印画的方式给"娃娃家"贴墙纸、用蔬菜印画的作品装饰"娃娃家"窗帘、用弹珠滚画做餐垫、用纸团和玩具印画"娃娃家"妈妈的围裙……孩子们的作品不再作为静止的"图画"，而是"娃娃家"中富有生命的游戏道具，是装点"娃娃家"不可缺少的饰品。如此，便将美术教学活动与幼儿实际生活密切结合了起来，增强了幼儿的具象化认识，提升了幼儿融美创造、美化生活的能力。

3. 构建环境，满足审美需求

美的环境具有感染性。我们利用公共空间展示多样作品，创设丰富的审美环境，营造美的氛围，诱发幼儿的审美鉴赏力，满足幼儿不同的审美需求。

（1）利用公共空间"展"美。在幼儿活动室的区域小环境里，我们结合主题，经常性地展示一些经典名画、雕塑图片或民间工艺品等，让幼儿在这种艺术氛围中受到潜移默化的影响。另外，在活动室的主题墙上，及时展示幼儿创作的美术作品，利用公共空间"展"美。例如在《魔幻鱼》的绘画结束后，教师没有将幼儿的作品束之高阁，而是在活动室的"主题背景墙"上，用幼儿的作品创意、组合、美化、拼接，呈现出一个大大的"美丽的海底世界"，幼儿的作品自然的成了环境的一部分，这实在是很有成就感的事情。

走出小环境，我们利用幼儿园的楼道空间、幼儿园大厅和美工教室开辟了固定的艺术长廊，开展系列欣赏活动，使幼儿充分得到艺术作品的熏陶。例如，我们开展了民俗系列展，风筝展览、剪纸展览、京剧脸谱展览、扎染展览；开展东西方画派系列展，水墨画展、西洋画展、农民画展等；结合节日、季节特点举办特色展览，春天"风筝"展、国庆假期后的"祖国山河多美好"照片展、秋季农作物展、元宵节"灯笼制作展"等。就这样，我们通过共同分享公共区域中成组的某一画家、某一画种、某一民俗、某一主题的作品，引导幼儿享受美、欣赏美，这不仅提高了幼儿的审美情趣，也为幼儿的艺术创作积累了经验。

（2）利用绘画作品"识"美。每堂课的绘画教学活动完成后，我们会根据作品的特点与活动情境的创设，提供充满美感和趣味性的作品展示台或展板，引导幼儿进行赏析。例如，中班绘画《爱的微笑》后，教师和孩子一起把作品布置成"微笑墙"，引导幼儿分享交流笑容背后爱的故事；大班幼儿进行完《民族服装设计师》的绘画后，布置"民族服装展馆"，幼儿用自己的美术作品为"民族娃娃换新衣"；绘画《和塞尚一起挑苹果》中，我们将塞尚作品中的"苹果"特意去除，让幼儿剪下自己用炫彩棒画的"苹果"取而代之……孩子们看到自己的作品被认真地、富于美感地张贴、悬挂，像宝贝一样被珍视时，从他们发亮的眼睛里，我们看到了一种满足、一种愉悦、一种自信。他们流连于每一件作品前时，热烈地讨论、交流，这难道不是很好的审美教育吗？

4. 欣赏评析，挖掘审美潜能

《指南》指出："创造条件让幼儿接触多种艺术形式和作品。"大师的绘画作品、民间民俗艺术作品以及其他形式的美术作品都有着深刻的内涵和强烈的感染力，无疑为我们提供了很好的欣赏素材和欣赏空间。

（1）在"与名画互动"中"品"美。美术大师的作品充满着对美敏锐的发现和感悟。让幼儿从小接触经典、与大师直接进行精神"对话"，由此开阔了幼儿的眼界，使其对美的知觉和选择也更为敏感 [50]，促使他们把自己感受、领悟到的美在不知不觉间迁移到自己的绘画创作中来。

例如，在进行中班绘画活动"大大的花朵"时，教师将美国画家奥基弗画家的花朵作品巧妙引入。作品中那单一的花朵构图、色彩的渐变晕染，使花朵的美夺人心魄，丰富了幼儿的审美素养和表征方式，改变了幼儿不敢画大的心理，为幼儿感受和学习表现花朵的色彩美提供了丰富的资源和探讨平台。幼儿把这种感悟积极地运用到自己的创作中，尝试用饱满的构图和渐变的色彩表现自己喜欢的单朵花卉，使得每一朵花都获得了强烈的生命力。再如，在大班《舞动的藤蔓》欣赏创作中，通过对奥地利绘画大师古斯塔夫·克里姆特作品的欣赏，拓展了幼儿对螺旋形图案的认识，进一步体会到藤蔓的柔美，从而较好地表现出树的藤蔓之美。

（2）在"与传统交流"中"鉴"美。中国传统的民间艺术，蕴藏着中国民族文化独特的美。让幼儿亲近底蕴深厚的本土文化，领略丰富的民间艺术资源，不仅是一种熏陶和感染，也是一种沉淀和传承，更是一种审美体验。

例如，在《韵味青花》的主题绘画中，我们对青花瓷的审美的价值点进行有效筛选，营造与青花瓷风格相吻合的音乐意境，然后围绕所选择的审美元素层层铺开，使幼儿对青花瓷这一民族传统工艺品获有了充分感知。首先，教师引导幼儿浏览青花瓷作品，感知发现瓷盘上深深浅浅的青色，感受青花瓷白底蓝花、清新自然的色彩美；然后围绕青花作品中吉祥纹样的装饰特点，引导幼儿欣赏花纹舒展的造型，了解各种图案的美好喜庆寓意；最后，引导幼儿分析青花瓷所渗透的各种装饰规律，如花纹排列方式、构图特点等，为幼儿能够更好地创作自己的青花作品提供支持。

（3）在"与绘本对话"中"赏"美。绘本就像是一座浓缩了的美术博物馆，它多样的艺术风格和斑斓的色彩线条能淋漓尽致地展现不同美术作品的艺术魅力，丰富幼儿的视觉美感经验。我们借助绘本将审美情趣慢慢地浸润到幼儿的心田里，使幼儿在点点滴滴熏陶中，领悟艺术的无穷魅力，逐渐形成自己的"审美的眼光"，从而更能发现美、更会表现美。

例如，绘本《桃树下的小白兔》以小白兔送花瓣为线索，讲述了一个"爱"的传递的故事。在欣赏绘本时，幼儿能真切地感受到图画所要传达的美感，就像在与图画进行一场自主的对话一样。美术活动中，教师将绘本故事与画桃花的活动结合起来，创设了帮助小白兔再拥有一棵大桃树的情境，激起了孩子玩色彩的欲望。点画桃花花瓣的过程，教师用饱含感情的童话语言，如"把桃花瓣儿送给小蝴蝶当雨伞""桃花们你挤着我、我挨着你，亲亲热热""这朵桃花在伴随着春风尽情舞蹈……"，赋予画桃花爱的情感，孩子们从欣赏中感知了美，从操作中体验了美，从帮助别人的过程中享受了美。

5. 实践创新，激发审美创造

创造美是审美能力的高级阶段。在美术活动中，我们一直以"培养的是有感而发的艺术家，而不是人云亦云的画匠"为目标，积极带领幼儿开展多样化的美术实践活动，引导幼儿充分理解并感知美术创造的无穷魅力，激发幼儿审美创造力。

（1）用多彩的艺术"创"美。在美术创作过程中，我们有意识地结合听觉、触觉、视觉引导幼儿发现美的存在，体会艺术的魅力。如通过故事讲述激发幼儿绘画兴趣，创作的过程中伴随应景的音乐，利用绘本为丰富绘画内容，通过赏析大师作品提高审美创造力，等等。我们还通过不同的艺术活动形式，构建起多样化的实践活动，让幼儿在教学中切实展开美的创造，有效促进幼儿审美能力的提升。如利用小汽车、菜根、藕段、弹珠、纸团、玩具等丰富的印制材料，引导幼儿动手印制"娃娃家"里的各种装饰和用具，将幼儿的游戏、生活及美术印画活动有机地融合在一起。利用石头、纸袋、树木等材料，让幼儿进行创作，引导幼儿不断地去发现和创造生活中的美。利用沙画、手撕画、版画、油水分离等绘画形式，强烈地冲击着幼儿的视觉体验以及内心感受，使幼儿在获得丰富美感体验的基础上不断激发自身的想象力和创造潜能。

（2）用正面的评价"传"美。美，必然连结着"感"，有"感"才有评价表达。我们借助讲评环节中教师"穿针引线"的引导、"画龙点睛"的归纳提升和幼儿之间的交流互动，帮助幼儿再次发现美、感悟美、传递美。

例如，在小班绘画《可爱的小乌龟》中，一幼儿忘记了添画乌龟的头，教师说："这只乌龟把头伸到了水里，在干什么啊？"幼儿迅速地反应过来："它把头伸到了水里，正在和小鱼打招呼呢。水把乌龟的脸挡住了。"教师的正面评价给了幼儿思维上的启发和点拨，赋予画面内容新的诠释。大班绘画《民族服装设计师》中，教师的点评放在幼儿对疏密的把握上："××小朋友设计的服装领了上什么也没有画，但看上去领子反而更清楚了。这是为什么啊？"幼儿说："领子边上有许多花纹把领子显出来了。"教师回应："这是一种很好的方法，以后的线描画大家可以去试一试。"在这里，教师并没有讲疏密变化等专业术语，但通过观察和互评，幼儿自己体会出花纹的疏密变化之美。

总之，美无处不在，只要你有一双发现的眼睛，有一颗爱美的心灵。我们要积极给幼儿打造一种充满审美情趣的精神乐园，加强幼儿的审美感受，通过细雨润物般的渗透，做到水到渠成的创造，为孩子一生的审美夯实了基础。

（一）把玩材料学画画——体验多变之美

在幼儿美术活动中，美术材料是实施活动不可或缺的物质媒介，同时也是幼儿用来表达自我认知的一个重要载体 [51]。美术活动离不开丰富多样的材料，没有材料的美术创作犹如"无水之源、无本之木"。因此，在美术教学中，老师要做有心人，不仅要能够"慧眼识材"，善于发现多种材料，还要能够因"材"而异、因"材"施教，利用材料拓展幼儿的美术创作空间，提高幼儿的审美情趣。那么，如何才能真正有创意地运用材料，让一切材料皆能美术呢？

1. 常规材料"创新"用，体验"视角改变"之美

水彩笔和绘画纸是幼儿美术活动中最常见的绘画材料，虽有无限创意，但是如果一成不变，孩子渐渐地就会觉得乏味、无趣。对于幼儿来说，世界是五彩缤纷的，他们笔下的世界也应该奇幻无比。因此，在美术活动中，教师应该充分挖掘常规材料的新用法，让幼儿体验"改变"之美，让创作从"无趣"变"有趣"。

（1）视角改变，用一支笔画出精彩。很多工具材料一起使用可以画出美丽的图画，那么只有一支笔能不能也给我们惊喜呢？在大班绘画《过去的时光》时，我们为幼儿只提供了一支深色蜡笔，引导幼儿用这一支笔变化力度来表现颜色的变化。我们首先从欣赏老房子的黑白照片入手，使幼儿对明暗变化有了初步印象。在讨论中，幼儿发现了多处明与暗的对比、颜色的深浅变化。在幼儿作画的过程中，我们并不要求幼儿表现真实环境中的光线和对透视关系的认识，而是跟着感觉走，暗的地方加深，明亮的地方轻涂。幼儿的表现虽然并不合理，却有着不同于现实的美感，他们通过一支笔创造了精彩。

（2）视角改变，用一张纸变出神奇。罗丹曾说："所谓大师，就是这样的人：他们用自己的眼睛去看别人见过的东西，在别人司空见惯的东西上发现出美来。" [52] 是的，教师应该引导幼儿也成为这样的大师，从一张普通的纸中发现千变万化：变方，产生多元的构图效果；变长，体验合作创编连环画的乐趣；折剪添画，变成各种形象；撕贴借形，围绕"像什么"展开丰富联想。

例如，在大班进行的《哈哈朋友》折纸画中，教师先请幼儿用没有折叠的 A4 纸画顶天立地的小人，观察比较与老师的画有什么不一样。然后提供折叠好的蓝色长条纸，让幼儿第二次绘画，观察打开折纸上的小人变化，通过交流"为什么断开了？断开的地方画在什么位置了？"等问题，探究发现人物造型变化与折纸之间的关系，获得"要把某个部位变长，必须把它画在折叠处"的认知。通过引导幼儿讨论"如果我们把纸再多折几次又会怎样呢？""如果把纸变化方向放，又会发生什么变化呢？"启发幼儿思考、想象折纸方向和折纸次数的变化与画面造型之间的关系。最后，教师提供绿色长条绘画

纸，引导幼儿自己利用折纸扇的方式一反一正地折叠、添画，通过脸部器官变形、头发变形、身体的几个部位同时变形的折叠绘画，感受纸张变化的神奇与有趣。

2. 自然材料"创意"用，体验"日常忽略"之美

大自然包罗万象，树根、树枝、树叶、果实、石头等材料各具美感，是大自然赠予我们的宝贵资源。教师应引领幼儿就地取材，发现、挖掘自然材料中的拙朴美、色彩美、造型美、纹路美，助推幼儿审美认知，提升幼儿审美情趣。

(1) 在随手可得中造就"就地取材"的审美眼光。审美的过程，离不开生动丰富的媒介材料。幼儿看到的景物、接触过的美术材料、从老师和家长那里获得的审美态度，都会潜移默化地影响幼儿审美思维的发展。因此，在美术活动中，我们选用大自然中孕育的天然绘画材料，布置蕴含美感的艺术空间，如用树藤缠绕做灯罩；用树枝做成的挂毛笔的架子。我们利用自然材料开展绘画活动，如用树叶印画大狮子、小刺猬；用沙子制作沙画；在木桩、竹子、石头上画蝴蝶翩翩、海底世界、梦幻星空等。通过这些活动，引导幼儿从随手可得的自然材料的实践操作中发现其灵性和美感，积累审美经验，形成自己的审美眼光。

(2) 从因地制宜中深厚"乡土特色"的审美追求。幼儿是有审美偏好的。教师要因地制宜、用心挖掘具有乡土特色的自然资源，使之成为幼儿美术创作中不可或缺的造型材料。这样做既可以为幼儿的审美提供感知素材，又容易引起幼儿的情感共鸣，加强对本土文化的审美认同。例如，青岛依山傍海，沙子、石头、贝壳是大自然给予青岛幼儿独特的礼物。我们因地制宜地对这些材料进行挖掘、利用、收集、甄选，引导幼儿以水粉、线描、彩绘等形式进行创作：在《好看的石头画》绘制时，引导幼儿观察各种形状的石头，对一块石头的形状进行想象添画、对大小不同的石头进行组合添画，感受石头的自然之美和形态之美。提供沙子进行《创意沙画》创作，让幼儿在玩沙的过程中感受到沙的流动、沙的质感、沙的特性，大胆尝试撒沙、漏沙、手指抹沙、堆沙等沙画创作的方法，感受沙画创作的奇妙。收集各色各样的贝壳，让幼儿用水粉颜料涂色装饰贝壳、进行贝壳线描、绘画贝壳脸谱。幼儿在这些流淌着乡土气息的美术活动中，感受美的氛围，触摸美的媒介，创造美的作品，体验家乡各种被"日常忽略"的艺术之美，厚植亲近和传承本土艺术特色的审美追求。

3. 废旧材料"巧妙"用，体验"物尽其用"之美

意大利诗人但丁曾说："世界上没有垃圾，只有放错地方的宝藏。"的确，我们的生活中有各种各样可以利用的废旧资源，如废旧的包装箱、纸盒、瓶瓶罐罐、衣服鞋子等，教师可以巧妙地赋予他们艺术的生命和价值，指导幼儿进行各种尝试，变废为宝，物尽其用。

（1）巧用废旧材料代替画笔，点亮艺术创想。在美术活动中，教师将厨房里剩余的各种蔬菜根、幼儿破旧的玩具等，变成了幼儿手中栩栩如生的神笔：卷心菜横切，幼儿蘸色拓印成花园里盛开的牡丹；用芹菜、油菜、秋葵、辣椒的根部，幼儿蘸色拓印出三八节送给妈妈的鲜花；用胡萝卜、土豆、藕，幼儿拓印添画成活灵活现的乌龟、七星瓢虫、毛毛虫；用小汽车滚画，幼儿拓印出马路上纵横交错、斑斑驳驳的线条……这些没有生命的废旧材料点燃了幼儿的艺术创想，在幼儿手中重新焕发了活力。

（2）巧用废旧材料代替纸张，装点美好生活。"用作品美化生活"是我们在美术绘画中始终坚持的目标。在幼儿美术活动中，我们不断地把生活中的事物以艺术的方式呈现给幼儿，以美物为载体，把幼儿渡往创造美的彼岸。例如，我们巧用生活中废弃的酒瓶、笤帚、纸盒、包装袋，建筑用的瓦片、砖头和瓷砖以及餐桌上的瓷盘等废旧物品代替纸张，引导幼儿在瓶子上装饰青花瓷图案、在鞋子上画动物头像、在石头上画海底世界、在葫芦和马勺上画京剧脸谱、在纸袋上画城堡、用蔬菜的横切面印画装饰窗帘、裙子等，在利用多种材料进行创作的过程中引发幼儿美的体验。

任何材料都充满灵性与美感，我们需要引导幼儿去发现它们的美。在大班绘画《好朋友》的美术活动中，教师提供了图案彼此呼应、相互联系的玩具和生活用品，引导幼儿进行一个图案、一组图案、一个画面的组合与拆分装饰欣赏，使幼儿充分感知呼应装饰的基本方法，唤起幼儿审美情趣的共鸣。最后，教师提供了衣服、扇子、鞋子等真实生活中的废旧物品，引导幼儿用呼应装饰的方法进行设计装饰，一件件破旧的衣物在幼儿的笔下焕然一新、美若新生，生活中最常见的废旧物品，变成了孩子最好的美术创作材料，真正诠释了"艺术源于生活又美化于生活"这一真谛！

4. 多元材料组合用，体验"融合再造"之美

不同的媒介材料具有不同的性质，不同材料的组合碰撞会产生一些特殊的效果。我们尝试将多元材料组合使用，引导幼儿在实践操作中对多种材料的特征"蕴之于心，形之于外"，不断开阔幼儿的创作空间，丰富幼儿的审美体验。

（1）不同材料的无间式融合。每一种材料都有其不同的价值和功能。发掘材料本身独特的绘画魅力，将不同材料在绘画中进行和谐无间的融合，不仅可以拓宽幼儿对美术工具材料运用的思维，而且能创造美好的视觉效果，提升幼儿审美表现。例如，我们在美术区域中提供多种材料，供幼儿探索尝试：幼儿用水粉在丝筒上画画，用丙烯颜料在桌椅、酒坛、竹子、石头、砖头、衣物上创作，用炫彩棒在纸箱、纸袋上装饰……不同绘画工具的合理搭配，让幼儿的作品更加新奇有趣、丰富多彩。

不同材料的融合还推动了幼儿绘画艺术的创新。例如，在大班砂纸画《京剧脸谱》中，教师有意识地引导幼儿巧妙地运用砂纸本来的色彩，通过与油画棒的色彩衔接表现出

不同的层次感的京剧脸谱，加深对京剧脸谱的表现力。《纸袋上的中国风》绘画则选用中国文化元素，利用中国人有特殊感情的"红色"纸袋和中国绣品中传统蓝印花布的花卉图样，通过与水粉颜料黑、白的色彩搭配，让一个平凡的纸袋于古典中又透出时代感。

（2）不拘一格的创意再造。面对如此丰富的材料，孩子们的表现形式也应该是多种多样的。我们将材料进行组合创意，将绘画技能与孩子的奇思妙想结合起来，使创作更富情趣。

例如，在"我学波洛克的画"活动中，师幼模仿体验波洛克的创作方法，运用多种材料在大幅纸张上滴、洒、滚、印，浑然天成的色块在孩子们眼中变成了各种有趣的形象。进行线描画时，我们脱离传统白纸黑线的形式，借助黑色的卡纸用白色颜料进行绘画创作，使幼儿获得不一样的视觉体验。在借形想象中，幼儿将画纸覆盖在涂有彩色糨糊的瓷砖上，按压下彩糊纹理进行想象添画；将有色的泡泡液吹到纸上，根据泡泡在纸上形成的不规则图形进行多方向、多角度的联想，收获无限创意。"我是版画高手"活动中，幼儿用树叶、贝壳、硬币、瓦楞纸做拓印底板，用油画棒拓印底板纹理、形状，大胆表现自己的想象。在刮画创作中，幼儿先在白色卡纸上均匀涂上多层多色油画棒，再用黑色水粉颜料加洗洁精覆盖画面，颜料未干时，用棉签或竹筷刮出喜欢的动物，呈现各色相融的七彩造型。

总之，幼儿接触每一种新的绘画工具、新的绘画材料，都有一个从尝试到熟悉到得心应手的过程。对教师来说，需要适度把握绘画材料和艺术形式的广度和深度。让我们和幼儿一起，用善于发现的眼睛和善于创造的双手，应物象形，随类赋"材"，共创精彩的美术天地。

小班主题：过家家

【设计意图】

娃娃家是孩子们熟悉和喜爱的游戏，本活动以幼儿感兴趣的娃娃家游戏为切入口，以印制娃娃家的各种饰品为主题设计线索，通过交流、欣赏、尝试、探索、制作等多种途径认识印制材料，发现印制过程中色彩和印迹的变化，感受印迹的丰富，体验印制活动的快乐。

活动一：贴墙纸

【活动目标】

（1）尝试用玩具汽车的车轮蘸颜料在纸上滚动，体验车轮印画的乐趣。

（2）了解印迹色彩和纹路的不同，感受印迹色彩和纹路的丰富。

（3）愿意用语言和动作表达自己的发现，感受游戏和相互交流带来的快乐。

【活动准备】

玩具车，作业纸，墙纸范样，每组3个颜料盘等。

【活动过程】

1. 师幼一起玩玩具汽车，引起兴趣

提问：这是小朋友们带来的小汽车。数一数，汽车上有几个车轮？这些车轮一样吗？车轮上有什么样的花纹？

2. 引导幼儿观察娃娃家墙纸，介绍工具材料

提问：小汽车开呀开，开到了娃娃家！哇，娃娃家正要贴墙纸呢，墙纸上有什么？猜一猜，墙纸上这些漂亮的花纹是怎么来的呢？

3. 示范、讲解，帮助幼儿学习车轮印画

（1）教师在纸上开动小汽车，引导幼儿观察车轮滚的动作，幼儿初步尝试车轮印画。

提问：看，小汽车会在纸上留下什么呢？怎样用车轮在墙纸上印出好看的花纹呢？谁想来试一试？

（2）幼儿尝试蘸色用同向、拐弯、交叉的方法印画墙纸。

提问：你的小汽车是怎么开的？都留下了什么花纹？

（3）教师小结：先让车子在颜料盘里前后开开，让轮子蘸上颜料，然后把车子放在纸上开一开，开的时候不要倒车。

4. 交代要求，幼儿进行车轮印画创作

（1）幼儿分组印画墙纸。

要求：桌子上有一些空白的墙纸，小朋友可以自己选一张墙纸印画，也可以两个人合作用自己的小汽车在纸上试一试。在印的时候想一想汽车要开到哪里，开车的时候要注意安全，不能撞到别人的车，更不能倒车，看见别人的车过来的时候要让一让。

（2）教师及时肯定幼儿的大胆尝试及色彩表现，提醒幼儿注意保持画面、桌子及衣物的清洁。

5. 师幼共同贴墙纸，欣赏评价

你的小汽车在墙纸上留下的印迹是什么样的，是什么颜色？你是怎么印的？你喜欢哪块墙纸，为什么？

将印制好的墙纸放置在娃娃家中，供幼儿游戏时使用。

活动二：挂窗帘

【活动目标】

（1）尝试用蔬菜蘸上不同的颜色，采用重压、轻移的方法为娃娃家印制窗帘。

（2）能大胆选用自己喜欢的颜色作画，印画时能注意画面布局，并保持画面的干净整洁。

（3）体验印画活动的乐趣。

【活动准备】

PPT 课件，颜料，抹布，彩色作业纸，颜料盘，蔬菜印章等。

【活动过程】

1. 创设"颜色宝宝跳舞"情境，激发幼儿活动兴趣

颜色王国来了一些可爱的颜色宝宝，他们可喜欢跳舞了。

2. 充分感知，探索装饰窗帘的方法

（1）引导幼儿观察图片，感知窗帘的颜色及花纹、图案。

提问：窗帘是什么颜色的？上面有什么图案？有什么变化？

（2）通过观察分析，引导幼儿猜测装饰窗帘的使用工具。

提问：猜一猜，颜色宝宝是怎样跑到窗帘上的？是用什么印出来的？可请一名幼儿演示。

（3）引导幼儿探究蔬菜装饰窗帘的方法。

提问：窗帘是怎样印出来的？怎么在窗帘上印出好看的花纹呢？

（4）教师结合幼儿的回答与演示，重点示范纸团印画的方法。

提示：拿起小蔬菜，亲亲颜料盘，按一按，一二三，真漂亮。

（5）探索用多种颜色装饰裙子。

提问：怎样让窗帘变得更漂亮？谁来把它印满？请幼儿演示。

（6）提出蔬菜印画的要求：一种蔬菜只能印一种颜色，印完后把数次啊放回原处；要把窗帘的每一个地方都印到才好看；印画时要认真仔细，保持画面桌面干净整洁。

3. 幼儿作画，教师指导

（1）幼儿自主选择颜色装饰窗帘。

（2）幼儿操作，教师巡回指导，提醒并帮助能力稍弱的幼儿。

① 一种蔬菜只蘸一种颜色，用多种颜色装饰窗帘。

② 把袖子往上卷一卷再蘸颜料，如果手上沾到了颜料，可以用抹布擦干净，注意保持画面整洁。

③ 将蔬菜在窗帘上放平后再印，以免花纹模糊。

4. 欣赏作品，互相交流

为娃娃家挂上窗帘，引导幼儿介绍自己装饰的窗帘，围绕"你们给娃娃家设计的窗帘有什么花纹？花纹像什么？你是怎么印出来的？你的窗帘上有什么颜色宝宝？你最喜欢哪块窗帘？为什么？"进行欣赏和评价。

活动三：做餐垫

【活动目标】

(1) 尝试将不同颜料盘中的弹珠依次放在作业纸上滚动，感受线条和色彩的丰富。

(2) 会用小勺将弹珠取出放到纸上，用完后放回原处。

【活动准备】

印制好的餐垫范样，各种弹珠，颜料盘，抹布，作业纸，实物餐垫若干。

【活动过程】

1. 谈话导入，探索弹珠在盒子里滚动的方法

(1) 提问：这是什么，你玩过么？你平时是怎么玩的呀？

把弹珠放在盒子里，有什么办法可以使它滚动起来？

(2) 幼儿自由尝试弹珠滚动。

提问：你是怎么让弹珠滚动起来的？

小结：小弹珠滚呀滚，往上滚滚，往下滚滚，转个圆圈再滚滚。

2. 出示餐垫，激发幼儿参与制作的兴趣

提问：看，娃娃家的桌上多了什么呀？这些餐垫上面有什么？这些花纹像什么，有哪些颜色呢？

猜一猜，餐垫上的这些花纹是怎么印上去的吗？是用什么印的呢？

3. 尝试用弹珠滚画的方法印制娃娃家的餐垫

(1) 幼儿尝试所想象的弹珠滚画的方法。

(2) 教师示范弹珠滚画的方法，幼儿细致观察。

提问：看，这些弹珠变成了什么颜色？怎么会变颜色的呢？（有颜料）

小结：选择自己喜欢的颜料盒里的弹珠，用小勺运到有纯色餐垫的托盘里，拿起托盘上下左右轻轻滚动，四面八方都要滚到，瞧，纯色餐垫变成花餐垫啦！印完之后将弹珠放回原来的颜料盒。这种用弹珠来画的画，叫作弹珠滚画。

4. 幼儿印制餐垫，教师巡回指导

(1) 提醒幼儿在滚画的时候轻轻地晃动托盘，注意不要把弹珠宝宝滚出托盘。

(2) 鼓励幼儿大胆更换蘸有不同颜色的弹珠，在餐垫上印出各种颜色的花纹。

(3) 提醒幼儿要把弹珠宝宝送回家，哪个颜料盘里拿的就要还到哪个颜料盘里，不可以混在一起。

(4) 及时提醒幼儿擦干净小手，以免弄脏画面。

5. 展示幼儿印制的餐垫，相互欣赏和交流

提问：你在餐垫上印出了什么样的花纹，是什么颜色的？这些颜色有变化吗？刚刚在滚画的时候遇到什么问题了，你是怎么解决的？

将印制好的餐垫放置在娃娃家中，供幼儿游戏时使用。

活动四：花裙子

【活动目标】

(1) 学习用纸团印画的方法装饰裙子，能区分多种颜色。

(2) 能大胆选用自己喜欢的颜色作画，印画时注意画面布局。

(3) 保持桌面和衣服的干净整洁，体验为娃娃家娃娃装饰裙子的乐趣。

【活动准备】

有关纸团印画方法的课件，各种裙子的图片若干，颜料，纸团（塞在盛有颜料的果冻盒里），背景图，湿巾，作品展示板，音乐。

【活动过程】

1. 出示图片，激发兴趣

引导幼儿观察欣赏颜色、款式、图案多样的裙子，并进行交流：裙子是什么颜色的？裙子上有什么图案？

2. 创设"森林舞会"的情境，结合课件，以故事形式引导幼儿观察小兔裙子上图案和颜色的变化

教师：小白兔找来一块雪白雪白的布，做了一条小裙子。它来到花园里，跳一跳，红色的小花跑到裙子上；滚一滚，黄色的小花跑到裙子上；转一转，绿色的小花跑到裙子上。

3. 交流讨论和示范演示，探索纸团印画的方法

(1) 出示印画裙子，师幼交流，讨论纸团印画的方法。

讨论：漂亮的小花是怎样跑到裙子上的？猜一猜是用什么印上的？谁来试一试？请幼儿进行演示。

(2) 引导幼儿探索用多种颜色装饰裙子。

讨论：怎样把裙子变成花裙子？请个别幼儿演示。

教师根据幼儿演示情况提出纸团印画要求。提示：一个纸团只能印一种颜色；要把裙子的每一个地方都印到；印画时保持桌面和衣服的干净整洁。

（3）教师小结纸团印画的方法。

拿起小纸团，亲亲颜料盘，按一按，印一印，一二三，真漂亮。

4. 幼儿印画，教师针对不同能力的幼儿进行指导

（1）幼儿自主选择颜色装饰裙子。

（2）播放音乐，幼儿操作，教师巡回指导，随时提醒幼儿用多种颜色印画，保持桌面和衣服的整洁，帮助能力稍弱的幼儿。

5. 欣赏、评析，共同分享纸团印画的乐趣

引导幼儿给娃娃换上新裙子，并介绍自己的裙子，围绕"你的花裙子上都有哪些颜色？你最喜欢哪一条裙子？"进行欣赏和评价。

活动五：系围裙

【活动目标】

（1）尝试用各种小玩具以印、压、提的方法为娃娃家装饰围裙。

（2）学习用轮流的方法与同伴共享操作材料。

（3）能将用过的材料放回原处，养成良好的操作习惯。

【活动准备】

（1）事先欣赏过妈妈的花围裙，对各种玩具印章有初步的认识。

（2）印制好的围裙范样，操作材料，裁成围裙形状的白棉布，颜料盘若干，印章每组若干，抹布等。

【活动过程】

1. 观察欣赏，引发幼儿兴趣

提问：看看，我今天穿了什么呀？我穿的围裙是什么样的？上面有什么啊？这些花纹是什么样的，像什么呢？是什么颜色的？

你知道这些花纹是哪里来的吗？是用什么印出来的？

2. 讨论、学习运用玩具印章印制围裙的方法

（1）出示印画好花围裙，师幼交流，讨论玩具印章印画的方法。

讨论：这里有什么？怎样用它们来印出好看的围裙呢？谁来试一试？印的时候要注意什么？请幼儿进行演示。

小结：先拿起玩具印章在颜料盘里蘸一蘸颜料，然后印在围裙上。印的时候，玩具印章不能在围裙上动来动去，印好以后，轻轻拿起印章在抹布上擦一擦，然后换一种颜

色蘸一蘸，再印。

(2) 引导幼儿探索用多种颜色装饰围裙。

讨论：我们可以在围裙的什么地方印出好看的花纹？还可以印在哪里？想换一种玩具印章怎么办？

3. 幼儿进行玩具印画，教师观察、指导

(1) 幼儿自主选择颜色装饰围裙。

(2) 播放音乐，幼儿操作，教师巡回指导，随时提醒幼儿用多种颜色印画，保持桌面和衣服的整洁，帮助能力稍弱的幼儿。

4. 欣赏评析，提升经验

(1) 幼儿系上自己印制的围裙进行展示和交，提问：看看，我们的围裙上印了什么，像什么？你是怎么印的呢？

(2) 将印制好的围裙提供给幼儿在娃娃家、点心店、小厨师等游戏中使用，继续尝试运用玩具材料为娃娃印制背心、裤子等。

中班活动：魔幻鱼

【设计意图】

"魔幻鱼"运用了一种很有趣的绘画形式"油水分离"，指导幼儿在宽松、自由的环境中，使用油画棒、水粉自主绘画。在探索作画方法的过程中，教师采用了观察、范例分析、游戏练习、情感熏陶、分层指导等方法，潜移默化地引导幼儿探索油水分离的画法，放飞孩子们想象与创造的翅膀。

【活动目标】

(1) 萌发自主创作的欲望，体验"变鱼"过程带来的快乐。

(2) 简单了解油水分离的原理，尝试用油画棒和水粉组合进行美术创作。

【活动准备】

课件，画纸、水粉颜料、水粉刷、白色油画棒、白色彩铅、白色粉笔，托盘、湿毛巾、抹布，透明桌垫等。

【活动过程】

1. 欣赏海底世界，感知鱼儿的外形特征及动态

(1) 欣赏海底世界美景，引导幼儿运用肢体语言表现不同鱼儿的游动姿态。

(2) 边观赏视频边谈话交流，引导幼儿从形状颜色大小、花纹等方面对鱼儿进行描述。

2. 激发探索欲望，探索"变鱼"方法

(1) 出示无鱼海底背景图，激发探索"变小鱼"的愿望。

提问：这是一片安静的海洋，还从未有小鱼游到过这里，谁有好办法变出小鱼？

（2）利用已有材料，分步探索变鱼方法。

① 进入体验区，观察操作材料，根据猜测，幼儿初次尝试使用不同的笔"变鱼"。

提问：变出小鱼来了吗？变的清楚吗？为什么不清楚？

小结：白色的笔画在白色的纸上，颜色相同不好区分。

② 继续探索，发现颜料碰到不同画笔画的小鱼时发生的变化。

提问：这次谁变出小鱼了？拿起来给大家看看。你用的是哪种材料画鱼？

小结：原来用油画棒画鱼，然后再涂上颜料，鱼就变出来了。

③ 全体幼儿运用白色油画棒和水粉颜料搭配变气泡，加深对使用这两种材料就能变出鱼儿的印象。

④ 回放幼儿探索实录，寻找能够清晰"变鱼"的方法。

提问：用什么材料组合就能变出小鱼和泡泡呀？用同样的材料，为什么有的清晰，有的却不太明显呢？

教师小结清晰变鱼的要领：用油画棒画鱼时，用力画出的线条会粗一些。把鱼儿的外轮廓画大一点儿，就可以再为鱼儿装饰上美丽的花纹。

（3）看课件简单了解油水分离的原理：油画棒具有油性，而颜料中含有水。油是不能溶解在水里的，所以当颜料遇到油画棒画的小鱼时就自动跑开了。这就是神奇的油水分离画。

3. 幼儿作画，教师指导

幼儿利用油水分离法绘画，为海底世界"变出小鱼"，教师巡回指导，适时提醒幼儿保持桌面和衣服的清洁，手粘上颜料时要及时用抹布擦干净。

4. 作品赏析，分享交流

利用幼儿的作品拼在一起汇成更加辽阔的海洋，体验绘画的乐趣及小画变大画带来的视觉震撼。

提问：我们的海底世界真热闹！看，哪条鱼长得最可爱？谁的身体细又长？谁最调皮？你从哪里看出来的？

中班活动：好看的石头画

【设计意图】

在石头上画画是中班幼儿比较感兴趣的一种美术形式。本次活动引导幼儿从对石头外形的基本观察开始，启发幼儿想象每一块石头像什么、可以创作成什么……千姿百态的石头为幼儿的想象和创造提供了空间，幼儿在感受石头的自然之美和形态之美的同时，提高绘画能力及想象力、创造力。

【活动目标】

(1) 能根据石头的形状进行想象，尝试在石头上作画。

(2) 充分发挥想象，大胆组合石头进行合理想象并添画。

(3) 体验用不同方式作画的乐趣。

【活动准备】

幻灯片3组，投影仪，背景音乐，各种形状的石头，白色瓷砖，泡沫胶，水粉颜料，棉签，水彩笔，排笔，调色盘，铅笔。

【活动过程】

1. 引导幼儿观察各种形状的石头，根据石头的形状进行想象

提问：这些石头分别是什么形状的？看起来像什么？

2. 了解石画创作的过程，学习制作方法

(1) 引导幼儿欣赏幻灯片，初步了解石画创作的方法。

① 观察石头画——猩猩脸，了解单块石头借形想象添画的方法。

提问：这块石头变成了什么？怎样让石头变成猩猩？

② 观察石头画——企鹅，了解多块石头的借形想象添画的方法。

提问：石头变成了什么？它是由几块石头变成的？怎样变出来的？

(2) 继续播放幻灯片，了解创作石画的方法：拿到石头以后要先转动一下石头，看看像什么，感后再用勾线笔添画。

(3) 引导幼儿观察不同形象的石画，拓展思路。

3. 师幼共同探索创作石头画的方法

(1) 提问：怎样把手中的石头变成你想象的东西？你想怎样装饰自己的石头？请个别幼儿尝试。

(2) 教师运用投影仪示范多块石头作画方法。

小结：首先要根据石头的外形进行想象，想想它像什么，然后把石头粘在瓷砖上，再用勾线笔添画，最后给它涂上好看的颜色。

4. 幼儿制作石头画，教师巡回指导

(1) 提醒幼儿根据自己的想法和需要选择大小不同的石头，先想一想、拼一拼后，再将石头拼贴在瓷砖上进行创作。

(2) 自由选择棉签、彩笔等不同的作画工具，用棉签画时蘸色要均匀，画出的线条尽量清晰、流畅，颜色没干前不要涂抹。

(3) 鼓励想象力比较丰富的幼儿尽量根据石头造型进行创作；提示想象力比较欠缺

的幼儿，可在石头上画出自己喜欢的事物的形象，也可以用花纹、图案装饰石头。

5. 作品展示，分享、交流作品

（1）请幼儿介绍自己的作品，重点说说作品的主题和作画的方法。

（2）请幼儿相互欣赏，说说谁的石头画最有创意，引导幼儿重点从想象力、画的内容、色彩等方面进行评价。

中班活动：创意沙画

【设计意图】

沙子是幼儿生活中经常接触的游戏材料，可以反复塑造，利于表现。本次活动，教师通过演示、探索、讨论、归纳等方式，引导幼儿在玩沙的过程中感受到沙的流动、沙的质感、沙的特性。幼儿在相互模仿和积极尝试中，自然获得撒沙、漏沙、手指抹沙、堆沙等作画方法，感受沙画创作的美。

【活动目标】

（1）感知沙子的性能，初步探索用沙子作画的方法。

（2）敢于大胆尝试，体验参与沙画活动的乐趣，感受沙画创作的美。

【活动准备】

装有沙子的浅色塑料托盘人手1个，铺上沙的大画纸，视频展示台，投影仪，计算机，数码照相机，背景音乐。

【活动过程】

1. 谈话导入，激发幼儿尝试的兴趣

今天老师想画一幅画，我不用笔画，猜猜看，我用什么来画？

2. 演示讨论，初步尝试沙子作画

（1）教师将白色塑料托盘摆放在视频展示台上，随着音乐演示用沙子画出动物、人物的过程。提问：我是怎样用沙子作画的？

（2）幼儿探索尝试用沙子作画的方法。

① 提出要求：刚才小朋友们欣赏了老师用沙子作画，你们也来试一试吧，试的时候要注意保持桌面和地面干净。

② 播放背景音乐，幼儿在托盘里尝试创作沙画。

③ 教师鼓励幼儿大胆尝试，积极探索用沙子作画的方法，并将幼儿有特色的作品用相机拍摄下来。

3. 交流总结，学习用沙作画的方法

（1）引导幼儿互相欣赏拍摄的幼儿作品。

提问：这幅画是谁画的？画的是什么？你是用什么方法画的？请你把这种方法演示给大家看看。

（2）师幼共同总结探索用沙作画的方法。

小结：可以用手指直接在沙子面上作画；可以抓一把沙慢慢地从手指漏出，边漏边移动作画；可以用手堆出沙堆造型；还可以用手抓沙轻撒出画面。这些方法都可以尝试用在一幅画上。

4. 幼儿合作创作大幅沙画，教师巡回指导

（1）鼓励幼儿与同伴共同商量合作完成作品。

（2）提醒幼儿尽量一次完成，保持作品的完整，不要碰坏作品。

5. 作品欣赏，评价提升

针对沙画内容与作画方法进行评价，鼓励幼儿在活动区里继续进行沙画创作。

大班活动：很久以前

【设计意图】

对幼儿园的孩子来说，他们对古代和现代的概念还十分模糊，只是感受到很久以前留下的东西也很美丽。本活动，我们以"很久以前"为题，让幼儿去寻找家中留存的物件，采用彩色照片和黑白照片对比的方式引导发现现代和以前的物品各有各的美丽之处，尝试用单色画的方式，再现很久以前物品的光彩。

【活动目标】

（1）关注身边古老的物品，愿意了解它们，欣赏它们的美丽。

（2）尝试运用变化力度的方法，表现单色画的明与暗。

【活动准备】

（1）和家人一起搜集家中古老的物品，了解它们的来历和用途。

（2）老照片PPT，用老物件布置场景，铅画纸，黑色的水彩笔，深色油画棒。

【活动过程】

1. 欣赏回忆，激发兴趣

（1）欣赏老照片，了解老照片的内容。提问：这是什么？有什么用？现在用什么来替代？体会想象很久以前人们的生活。

（2）说说自己最喜欢的古老物品，并寻找大家的生活越来越现代化，但仍然非常喜欢这些很久以前的物品的原因。

（3）欣赏老照片的颜色。提问：老照片一般是什么颜色？为什么单色照片并不黑乎乎，而是亮堂堂？引导幼儿发现照片上光亮表现的深浅变化。

2. 操作尝试，把握步骤

（1）思考：怎样用一支笔画出深浅不同的颜色？什么时候要用力大一些？什么时候用力小一些？

（2）观察教师演示由深到浅的画法。

（3）请三四位幼儿同时尝试，其他幼儿分辨哪位幼儿变化的颜色最多。

3. 创意写生，教师指导

（1）指导幼儿按自己的爱好选择一个家居场景。

（2）采用一看（分辨其前后关系）、二思（思考作画步骤）、三描（确定位置）、四画（画出外形）的方法把握步骤。

（3）选用与彩色水笔颜色接近的油画棒变化力度涂色。

4. 作品展示，交流启思

将幼儿绘画好的作品贴在展板上，请幼儿来说一说哪几张照片最珍贵、最清晰、最有亮点？有什么小技巧？

大班活动：纸袋上的中国风

【设计意图】

"纸袋上的中国风"这一活动是以红色的纸袋为媒材，运用黑白两色进行装饰，从而形成具有中国风格的作品。活动中，幼儿在纸袋上选择局部进行装饰，这样能让方形的纸袋呈现不规则的美，比绘画满幅作品更易突显细节。同时借鉴了中国传统蓝印花布的图样风格，将诸多中国风元素表现在纸袋上，实现每个幼儿对中国风的不同理解和独特的想象，让作品于古典中又透出时代感。

【活动目标】

（1）欣赏黑白红三色搭配的装饰画，感受黑白红装饰带来的具有中国风格的美。

（2）能用黑白色的点、线条和花的图案装饰红色纸袋，体验装饰纸袋的乐趣。

【活动准备】

教学课件"黑白红装饰艺术画"，蓝印花布图片，红色纸袋若干，黑色勾线笔，排笔，白色颜料等。

【活动过程】

1. 欣赏黑白红的装饰艺术画PPT，感受黑白红艺术的独特美感

提问：今天我们来参观一个画展，看一看这些画都是由哪些色彩构成的？这些画都是由黑白红三色构成的，你觉得这样的画美吗？你还在哪里见过这样的三种颜色的组合？

2. 欣赏蓝印花布图片，了解蓝印花布的图案特点

提问：花布中有哪些花的图案？这些图案都是什么样子的？

3. 探索装饰纸袋的方法

(1) 引导幼儿用实线、虚线、折线、波浪线等线条对纸袋的一面进行不规则地分割，请 2~3 名幼儿演示。

提问：我们可以先用勾线笔将纸袋的一面自由分割成两部分，在其中的一部分里绘画。你想怎么分割呢？用什么线条分割？谁想上来试一试？

(2) 讨论绘画方法，请个别幼儿演示。

提问：你想怎么设计？请上来试一试。

(3) 教师示范小结：先用黑色勾线笔在分割好的画面里绘画各种不同的花的图案，然后用排笔蘸白色颜料在黑色的花上进行装饰点缀。可以为花勾边，也可以添画上漂亮的花蕊，还可以在花瓣上用线条装饰，画上花茎、叶子等。

4. 幼儿创作，教师巡回指导

(1) 提醒幼儿进行分割构图的时候不要太小，否则不利于表现。

(2) 鼓励幼儿大胆地运用不同的花的图案纹样进行装饰。

5. 作品展示与欣赏

引导幼儿欣赏有独特表现的额作品，如画面分割有特色、花的纹样表达比较细腻等；鼓励幼儿在活动区中运用其他有中国特色的纹样进行装饰运用。

大班活动：马勺装饰

【设计意图】

幼儿进入大班后，逐渐对富有中国元素的艺术品有了切步的了解和认识，其中，马勺就是富有中国元素的艺术品之一。幼儿通过探索马勺有趣的来历，欣赏其奇特的造型、夸张的色彩和图案，将自己的想象表达在马勺上，对中国传统文化有了进一步的认知与了解，提高了审美能力。

【活动目标】

(1) 感受马勺装饰的对称美和夸张美，关注涂黑和留白的装饰特点。

(2) 自主尝试运用勾画、涂色的方法装饰马勺。

(3) 喜欢中国传统艺术，感受马勺装饰所带来的乐趣。

【活动准备】

马勺欣赏课件，绘制好的马勺范例，炫彩棒，黑色勾线笔，纸浆马勺模型。

【活动过程】

1. 欣赏马勺范例，初步了解马勺的由来

(1) 出示马勺范例，提问：这是什么？这个马勺上画着什么样的图案？

(2) 教师讲述有关马勺的小故事。

2. 观看课件，欣赏不同风格的马勺脸谱图案

提问：这两个马勺脸谱有什么相同的地方？有什么不同？

小结：马勺脸谱色彩鲜艳，都有涂黑和留白。都有眉、眼、嘴、鼻，但他们的装饰、色彩不同。都以鼻子为中心左右两侧对称，以夸张的手法变成了不同的形状。

3. 探索绘制马勺脸谱的方法

(1) 讨论绘画方法，请个别幼儿演示。

提问：你喜欢哪一张脸谱，为什么？怎样绘制马勺脸谱？谁想来试一试。

(2) 分别请幼儿来勾画眉毛、嘴巴、鼻子、额头、脸颊等图案，提醒幼儿在绘制时要对称、夸张的表现方式。

(3) 教师示范涂色并进行小结：绘制马勺的第二步是涂色。除了涂上鲜艳的颜色，还要注意涂色时的留白和涂黑的部分，这样可以让图案更生动、突出。

4. 幼儿绘制马勺脸谱，教师巡回指导

(1) 请幼儿自主尝试运用勾画、涂色的方法绘制一张与众不同的马勺脸谱。

(2) 提醒幼儿大胆表现马勺装饰的对称美和夸张美，注意涂黑和留白。

5. 展示作品，互相欣赏和评价

(1) 引导幼儿互相欣赏同伴绘制的脸谱，围绕马勺脸谱的色彩和对称特点进行评价。

(2) 播放音乐《戏说脸谱》，幼儿手持自己绘画的脸谱，听音乐唱歌跳舞。

大班活动：好朋友

【设计意图】

在幼儿的生活中，有很多带有特别装饰风格的玩具和生活用品。这些物品通常以一对或是一组的形式出现，如红花和绿草、月亮和星星、猫和鱼等。它们或是有着彼此呼应的图案装饰，或是有着相互联系的一个画面，这些装饰不仅有着丰富的审美价值，而且给我们的生活带来了很多乐趣，深得孩子和大人的喜欢。本次活动，旨在引导幼儿发现生活中的美，在愉快地欣赏、感受、表现过程中体味生活的美好。

【活动目标】

(1) 感知生活物品装饰中具有相互呼应的画面所带来的美感和情趣。

(2) 尝试用分割一个图案或一幅画面的方法，自主装饰生活中的一对或一组物品。

(3) 喜欢生活中带有呼应的装饰风格，愿意发现和创造。

【活动准备】

T恤，废旧生活物品若干，画纸、勾线笔、水彩笔、油画棒、水粉颜料、水粉笔、剪刀等绘画工具。

【活动过程】

1. 观察交流，激发兴趣

(1) 教师和班中一名幼儿穿的T恤上分别画有一只动物的不同部位，引导幼儿发现T恤上相互呼应的图案，激发进一步发现的乐趣。

提问：你有好朋友吗？今天你们当中有一位是我的好朋友，他是谁呢？你是怎么看出来的呢？

小结：对，我和好朋友穿的T恤上，一个是长颈鹿的头部，一个是长颈鹿的身体。

(2) 交流生活中有互相呼应图案的物品

提问：在平时的生活中，你看到过这样有趣的物品吗？

2. 欣赏生活中更多用互相呼应方法装饰的物品，探索图案在呼应装饰中的运用方法

(1) 欣赏杯子实物，了解运用一个图案进行呼应装饰的方法。

提问：你怎么知道它们是好朋友的？图案是怎么组合的？

小结：原来，一个完整的图案可以拆分到两个物品上，让人一看就知道它们是好朋友。

(2) 欣赏鞋子、垃圾桶演示图，感知相互关联的两个图案装饰。

提问：这两个物品为何要摆放到一起，图案有什么关联？

(3) 欣赏T恤演示图，感知一个画面的呼应装饰。

提问：这件T恤上是什么图案？猜猜看，它的好朋友身上会是什么图案呢？

小结：这两个好朋友身上的图案组合在一起就成了一幅画。原来，一幅画面也可以拆分到两个物品上，让人一看就知道它们代表的是好朋友。

(4) 欣赏三件长颈鹿T恤演示图，拓宽视野，了解更多呼应装饰的内容和方法。

讨论：可以把一幅图画拆分到更多的物品上吗？怎么拆分？

小结：可以把好朋友拼在一起，然后在它们身上画上一个图案或一幅画。

3. 幼儿创作，教师巡回指导

(1) 介绍绘画工具和材料。

(2) 引导幼儿探讨呼应装饰的方法。

讨论：怎样才能把它们变成有趣的朋友呢？你想怎么做？

(3) 提出合作创作的要求。

(4) 播放背景音乐，幼儿自由绘画，教师巡回指导，鼓励能力弱的幼儿大胆创造。

4.作品欣赏，相互交流

提问：你最喜欢哪一个设计，说说你的理由。鼓励幼儿在活动区里用呼应装饰的方法设计更多的物品。

（二）跟着大师学画画——体验作品之美

艺术欣赏并不仅仅是少数艺术工作者应获得的专业知识技能，而是现代人应该具有的艺术修养。幼儿园艺术欣赏的目的应该是：传递优秀文化信息，加深文化积淀；进行艺术熏陶，提升审美情感。要实现这一目标，必须摒弃将艺术欣赏孤立在幼儿生活之外的做法。要将艺术欣赏与幼儿的生活经验相联系，从而使幼儿真正理解艺术作品的内涵，使他们的审美想象得到充分的诠释和释放。在活动中，我们一方面将美术欣赏从原来的大班下延到小班；另一方面在美术活动中，大量选取适合幼儿欣赏的材料，替代原来教师的范例，将欣赏、感受、表现融为一体。这一做法不但扩大了幼儿的视野，提高了幼儿艺术感受的能力，而且也克服了模仿范例、追随教师风格的弊端，幼儿更能按自己的爱好和个性，彰显自我独特的表现方式。

1.回归幼儿生活，将发现生活、体验生活放在首位

我们关注幼儿对周边事物探索的兴趣，始终把幼儿对实际生活的体验放在第一位，坚持"生活"在先、"作品"在后。适时地为幼儿提供与其欣赏水平相联系的艺术作品，而不是先从艺术作品的内容和形式出发，再去考虑怎样和幼儿的生活相联系。例如，在小班活动"热闹的花草地"中，教师从孩子们对花草地的经验分享切入，带领幼儿回忆对花草地的直觉感受以及在花草地上游戏的快乐情绪；接下来，引导幼儿从对摄影作品的欣赏过渡到对吴冠中大师同主题作品的欣赏，通过"在花草地上你看到了什么？它们是怎样的？""走近点看看，在密密的花草地中你还发现了什么？"的有效提问，完成由具象到抽象的转换，既让幼儿感受到画面的亲切真实，又让幼儿对表现花朵的绘画符号有了更直接的发现，审美经验得到了进一步的提升和丰富。

大班活动"舞动的藤蔓"中，教师抓住当今的家庭装潢装饰中被广泛运用的藤意装饰要素，将自然界中神秘的藤蔓以视频的形式呈现在幼儿眼前，在动态的过程中感受藤蔓舞动的姿态。4幅藤蔓作品的欣赏，帮助幼儿提炼出装饰画中藤蔓的巧妙运用：藤蔓—螺旋线—树的枝条。对古斯塔夫·克里姆特作品的欣赏，拓展了幼儿对螺旋形图案的认识，帮助幼儿感受到螺旋线条的延伸、环绕以及造型的大小、粗细、长短的变化，进一步体会体验藤蔓的装饰美，大胆愉快地创作藤蔓风格的画。大班活动"奇妙的圆点画"则从幼儿熟悉的圆点开始，通过欣赏草间弥生作品"南瓜""胡萝卜"，感受圆点画的风格，尝试运用不同大小、色彩、排序规律的圆点，在鱼、花、果实、包包等生活物品上进行圆点画创作，表现美、创造美。

实践证明，只有将现实生活与艺术欣赏融为一体，使艺术欣赏不但成为幼儿美术活动的一部分，更成为美好生活的一部分，才能更好地发挥艺术欣赏的积极作用。

2. 拓展欣赏广度，体味不同绘画作品的审美价值

美术大师的作品于常人往往是可望而不可及的，他们的创作激情、对美敏锐的发现和感悟力以及不拘一格的创作方式，可以促使幼儿将现实生活赋予无限的遐想。

根据绘画工具和材料的不同，我们挑选不同画种的大师作品引导幼儿欣赏，体味不同绘画作品独特的审美价值。例如小班《波洛克的画》中，看似偶然写意创作和利用自然素材、废旧材料作为绘画工具的创作形式，一下子就拉近了大师和幼儿的距离，颠覆了幼儿所认为的"只有绘画工具才能创作"的陈旧观念，使得那些对绘画有畏难情绪的幼儿产生"我也会这样画画"的自信心。活动中，教师通过"都有什么样的线条？看起来像什么？除了有线条还有什么？"等递进性问题，逐层引导幼儿欣赏线条、色块、色彩以及独特的表现形式，体会、领悟作品独特的形式美，从而建立自己的创作方式。

再如，彼埃·蒙德里安的作品《红黄蓝的构成》中，教师用贴近小班幼儿生活经验的情境引导幼儿解读大师作品：直直的"马路"上有各种红黄蓝的"房子"，"请为格子王国刷出大大小小的彩色房子"的游戏口吻，使幼儿在一种游戏情境中感知色彩、线条、构图等美术要素，从最直观的线、色、构图中寻求审美的价值和经验，不断丰富幼儿的审美体验。

我们还引导幼儿欣赏中国农民画"凡·高奶奶"常秀峰的作品，了解其高大树木的造型和枝干伸向画纸外的构图方法。欣赏约翰·埃弗瑞特·米莱的《盲女》，学习细致赏析的方法，尝试领会盲女用心感受周围景致的沉静、自然之美。这些具象性作品都指向真实的事物和幼儿已有生活、学习经验，有助于引发幼儿强烈的感动，提高作品的表现力和审美水平。

3. 聆听幼儿的心声，注重幼儿情感的融入

以往每逢美术欣赏活动，教师常常会拿出名家作品作为欣赏材料，用"画面上有什么？你想到了什么？"等问题让幼儿泛泛而谈，然后，教师从画家、作品名称和内容等方面进行介绍。最后，用获得的方法，让幼儿临摹大师的作品。这种欣赏教学重在了解艺术方面的相关知识，把握艺术的表现手法，忽视了幼儿对艺术作品的体验过程，忽视了幼儿对作品形式要素、艺术语言的感受感悟，忽视幼儿的情感的融入。

艺术不是再现看到的东西，而是要使人们能够看见美的存在。因此，我们在进行美术欣赏中，始终注重融情体验，注重启发引导，注重共情创作，让作品更有温度。例如，大班《盲女》的欣赏与创作中，活动前，教师引导幼儿两两结对，用角色体验"我来做你的眼睛"的方式导入主题，直接感知作为盲人生活的不方便和相互依偎，相互帮

助的快乐。体验在前的方法，为幼儿进一步了解作品内涵打下了情感基础。欣赏环节，教师运用"扫描式"整体欣赏的方式，给予孩子赏析的顺序：从上到下、从左到右、由近及远、从整体到局部细节。引导幼儿在主动探索中充分感知作品中都有什么事物，都有谁，在哪里，干什么。通过自主探索的"放大镜"，引导幼儿走进作品，找寻"画中有话"。幼儿将自己在作品中看不懂的地方标注出来，在讨论交流的过程中解决疑惑，深入解析作品、细致地感受作品细节、色彩中所蕴含的寓意。创作表现的环节中，教师提出"盲女想要感受这个世界的美好，你愿意将你发现的美好事物画下来和盲女进行分享吗？"激发幼儿帮助盲女看到更多美景、更多事物的愿望。幼儿从自己的内心出发，将自己想要介绍给盲女的事物——画下来，有的幼儿想将自己喜欢的玩具分享给盲女、有的幼儿想要给盲女一个温暖的家、一件漂亮的公主套装……有情感的渗透，幼儿所创造出来的作品就更加有温度了。

聆听幼儿的心声意味着要尊重儿童，尊重儿童的自主表达。在大班《藏在名画里的猫》的欣赏与创作中，教师充分尊重、理解幼儿的感受，给幼儿独立的、充足的、充分的欣赏时间。教师借助猫画家菲莉西玛奇思妙想的故事情境，带领幼儿积极的观察思考名画《收割季节中的一餐》《宫城》和《蒙娜丽莎的微笑》中人物的动作、表情，猜测其心理状态，引导幼儿思考讨论：如果你是天才画家菲将西玛，你喜欢在哪一幅画上画一只猫呢？它在干什么？启发鼓励幼儿根据自己选择的名画情境来设计表现站着、趴着、仰头、低头等符合画面需要的不同类型猫咪形象。当幼儿以名画作为背景，将猫咪贴在相应的位置上，和大师的画放在一起欣赏时，他们都自豪地说："我们比大师画得还要漂亮！"

小班活动：热闹的花草地

【设计意图】

春天美丽的花草地是大自然馈赠给孩子们最好的礼物，带领孩子亲近自然、发现和感受自然界中的美是幼儿园美术教育重要的内容之一。本次活动，从幼儿的情绪体验入手，通过对摄影作品和大师绘画作品的欣赏，提升幼儿的审美经验，激发幼儿手指点画表现花草地的创作欲望。

【活动目标】

(1) 感受春天花草地上春花烂漫、生机勃勃的景象。

(2) 探索用手指不同部位点画的方法表现色彩丰富的花草地。

(3) 愿意大胆地表达自己的感受，体验在音乐中作画的乐趣。

【活动准备】

PPT，水粉颜料，正方形黑色卡纸人手1张，背景音乐等。

【活动过程】

1. 谈话导入，引起对花草地的回忆

提问：你见过春天的草地吗？在草地上，你都看到了什么？小花是什么颜色的？看到那一片花草地时，你有什么感觉？

2. 欣赏花草地图片，感受画面丰富的色彩

（1）整体感受花草地色彩的丰富。

提问：这片花草地美吗？哪里让你觉得美？有哪些你认识的颜色？

（2）引导幼儿发现花朵近大远小的特点。

提问：近处的花看起来怎么样？远处的呢？

3. 欣赏吴冠中作品，感受作品的色彩、布局及其所传达的意境

（1）出示作品1，提问：在花草地上你看到了什么？它们是怎样的？

（2）出示作品2，提问：走近点看看，在密密的花草地中你还发现了什么？

小结：春天里，在一片绿油油的草地上，盛开着五颜六色的花儿。花儿草儿你挨着我，我挨着你，热热闹闹真开心。一阵春风吹过，花儿草儿跳起欢快的舞蹈，轻轻地告诉人们，春天是多么美！

4. 探索用手指点画表现花草地的方法

（1）播放背景音乐，引导幼儿多通道感受。

提问：你听，它们在干什么？让你的手指变成小花、小草跟着音乐来一起跳舞吧！

（2）师幼共同探索点画的方法。

提问：小花小草也想穿上漂亮的衣服跳到纸上变成一幅美丽的花草地，谁想来试试？请个别幼儿示范，引导幼儿感受用指尖、指腹、侧指点画所表现出的不同效果。

5. 幼儿自由创作，教师巡回指导

（1）鼓励幼儿用手指蘸颜料大胆表现小花小草。

（2）提醒幼儿换色时候要用抹布把手指擦干净，尽量不混色，培养幼儿良好的绘画习惯。

6. 展示、欣赏、评价作品

（1）将幼儿的作品放在一起展览，形成一幅大作品，带给幼儿视觉的震撼。

（2）引导幼儿欣赏、讨论：你们喜欢这一大片花草地吗？给你们带来了什么感受？

小班活动：波洛克的画

【设计意图】

幼儿的美术欣赏是经过感知、想象、理解的情感内化过程。本次活动，教师通过让幼儿欣赏多幅波洛克风格的作品，并针对每一幅作品提出递进性问题，逐层引导幼儿欣赏线条、色块、色彩以及独特的表现形式。通过提供原始的自然材料以及生活中的废旧物品、玩具，营造一种亲近大自然的状态，引导幼儿大胆自由地创作和表现，使幼儿的创作更加丰富和多样。

【活动目标】

(1) 初步欣赏画家波洛克的抽象画，感受画面丰富的表现方法和想象力。

(2) 尝试运用多种媒材大胆滴、洒、滚、印等，创作自己想象的抽象作品。

(3) 体验各种媒材的表现特征和创作的愉悦感。

【活动准备】

(1) 幼儿有在大纸上印画的经验。

(2) PPT，画纸，音乐《森林狂想曲》，大大小小有洞的瓶、玩具洒水壶、小皮球、干树枝、报纸团、塑料玩具等工具，水粉颜料，抹布若干。

【活动过程】

1. 欣赏杰克逊·波洛克的作品，观察画面的线条、色彩

导入语：美国有一位大画家，叫杰克逊·波洛克。他画了许多特别的画，我们来看看。

(1) 出示图 1，提问：画面中是什么样的线条？（螺旋线条、乱乱的线条）像什么？（像鱼网）你喜欢吗？为什么？

(2) 出示图 2，提问：这幅画有什么颜色？

(3) 出示图 3，提问：这幅画除了有线条还有什么？（大大小小的色块）

(4) 出示图 4，提问：这幅画有线条，有色块，还有什么？（大大小小的点）

小结：这些画颜色丰富，有各种流满的线条和色块，看上去像各种奇妙的东西，我们把这种画叫作抽象画。

2. 大胆猜测并体验波洛克独特的作画方式

(1) 讨论：画家是怎样画出来的呢？用的什么工具？怎么画的呢？

(2) 展示画家创作时的照片，引导幼儿观察发现画家的创作工具。

导语：你们看，这就是画家杰克逊·波洛克，他正一手提着有洞的桶，一手拿着刷子，在大大的画布上又是滴又是洒。原来他在用滴洒的方法画画呢！有的时候，他还把沙子、石子掺在颜料里，边走边滴洒，发出奇妙的声音，你们觉得好玩吗？

（3）师幼模仿体验波洛克的创作方法，帮助幼儿建立自己的创作方式。

3. 幼儿尝试运用多种媒材模仿创作，教师巡回指导

（1）提出创作要求：今天老师也给小朋友准备了大大的画布，还准备了各种奇怪的材料，你们可以像波洛克一样画滴洒画，也可以用各种工具滚画、印画。每一份材料都有自己的家，用完后要把材料送回家！

（2）播放音乐《森林狂想曲》，幼儿分组在大布上自由创作。

4. 作品展示与评价

（1）鼓励幼儿说一说自己的画像什么，并给合作的画起一个好听的名字。

（2）将作品悬挂在美工区，让幼儿体验当小画家的成就感。

小班活动：有趣的格子王国

【设计意图】

《红黄蓝的构成》是荷兰著名画家彼埃·蒙德里安的代表作之一，作品中不对称的平衡风格、色块大小的对比以及三原色的搭配给人一种有节奏的动态美。该作品最突出的特点是看似固组合的横直线条，竖直线条和三原色色块的运用，很适合小班幼儿欣赏。本活动旨在借助作品，引导幼儿在一种游戏情境中感知色彩、线条、构图等美术要素，初步积累美术经验。

【活动目标】

（1）欣赏彼埃·蒙德里安的作品《红黄蓝的构成》，感受直线与红黄蓝色块搭配的美。

（2）尝试用油画棒连接直线，并在空格处用棉签进行水粉填色。

（3）体验在游戏情境中创作的快乐。

【活动准备】

（1）幼儿在美工区玩过用棉签进行水粉涂鸦的游戏。

（2）蒙德里安《红黄蓝的构成》及其他相关作品，方形空白底图，黑色油画棒，红黄蓝三色颜料，棉签。

【活动过程】

1. 创设情境，邀请幼儿去"格子王国"玩一玩

导语：有一个有趣的王国，我们一起去那里玩一玩吧！

2. 观赏大师作品，初步整体感受作品

提问：你看到了什么？你喜欢格子王国吗？为什么？

3. 进一步欣赏作品，感受直线与色块的组合美

（1）引导幼儿发现画面中直直的"马路"与红黄蓝的"房子"。

提问：请你们指一指马路和房子分别在哪里，是什么样子的？

(2) 欣赏彼埃·家德里安的其他相关作品，引导幼儿欣变感和线条和色块的变化。

提问：格子王国真有趣，又变样子啦！你们看到了什么？哪里变了？

4. 探索连接直线及在格子里涂色的方法

(1) 出示空白底图，引起幼儿探索绘画的兴趣。

提问：红点点和好朋友住在街对面，它们想手拉手去格子王国玩一玩，谁来帮帮他们？(请个别幼儿连一连直线。)

小结：从红点点开始用笔走，走呀走，走成一条直线，一直走到他的好朋友另一个红点点处。再从蓝点点开始走，一直走到另一个蓝点点处。

(2) 在"为格子王国刷房子"的情境中示范在格子里涂色。

小结：用笔藏上颜料，在一个格子里涂满，小心不要涂到格子外面。涂好一个，可以接一种颜料涂另一个格子。

5. 幼儿创作，教师巡回指导

(1) 介绍绘画材料，提出绘画要求。

(2) 提醒幼儿画直线时用力，涂鸦时颜色要尽量在格子线内。

6. 展示作品，体验成功的快乐。

引导幼儿找找自己的作品在哪里，并鼓励幼儿说一说还喜欢谁的作品，为什么喜欢。

中班活动：大大的花朵

【设计意图】

孩子们喜欢大自然里遍地的花朵，但平时绘画时花朵一般是装点在画面中的，因而容易画得小。本活动，教师将美国画家奥基弗的花朵作品巧妙引入。在她的作品中，单一的花朵构图以及花朵色彩的渐变晕染使花朵的美夺人心魄，而这种美恰恰是我们希望也是孩子们愿意被感染的。借鉴奥基弗的作画方式，既可以改变幼儿不敢画大的心理，打破幼儿的常规构图方式，又为幼儿感受和学习表现花朵的色彩美提供了丰富的资源和探讨平台，拓展幼儿的绘画表达方式。

【活动目标】

(1) 欣赏大师作品，感受放大的花卉图片色彩的变化特点。

(2) 尝试用饱满的构图和渐变的色彩表现自己喜欢的单朵花卉。

(3) 欣赏花卉的美，萌发热爱生活的情感。

【活动准备】

花卉照片以及画家奥基弗的绘画作品PPT，画纸，背景音乐《春野》，同类色水粉，水粉笔，水桶，抹布，黑色正方形卡纸。

【活动过程】

1. 欣赏花卉照片，感知色彩、造型的美

提问：在大自然中，有很多漂亮的花。请你看一看，它们是什么样子的？造型和色彩有什么特别的地方？

小结：这些花儿造型、色彩都不同，有的是连在一起的一片大花瓣，有的绽放着很多片花瓣。色彩有的是从深到浅，有的是从浅到深，还有的中间深两头浅，但是这些花都很美。

2. 欣赏奥基弗的作品，学习表现色彩渐变及画大花的方法

(1) 欣赏大师作品，分析色彩渐变的方法。

提问：有一位叫奥基弗的美国女画家，她特别喜欢画花，我们来欣赏一下。你看了她画的花以后有什么感觉？花儿的颜色是怎样变化的？

小结：她画的花，其色彩从靠近花蕊的柠檬黄渐渐变化到橘黄再到红，再渐渐变化到橙色。花瓣的色彩是渐变的。

(2) 再次欣赏大师作品，分析构图方法。

提问：这张纸上画了几朵花？这朵花让你感觉怎么样？为什么你会感觉她画的花很大呢？

小结：画面上只有一朵花，而且铺满了整张画纸。

(3) 教师播放小花渐渐变大的幻灯片，引导幼儿对比讨论，再次理解构图方法。

提问：这儿有一朵小小的花，它要变变变，变成一朵大大的花。为什么同样是一朵花，左边的很小，右边的看起来很大呢？

小结：花瓣要画大，画纸边缘留下的空白地方要少，也可以让花瓣伸到画面外面去。

3. 师生共同探索花朵的表现方法

提问：今天我们也来学一学画家奥基弗，画一朵自己喜欢的美丽的大花。谁愿意来试一试，涂出马蹄莲渐变的色彩。先用什么颜色？再用什么颜色？

请一名幼儿上来涂色，教师帮助总结方法：在色彩交接的地方用按住压提的方法让渐变更加自然。

4. 幼儿创作，教师巡回指导

(1) 鼓励幼儿用饱满的构图和渐变的色彩表现自己喜欢的单朵花卉。

(2) 注意观察幼儿落笔情况，对于花瓣画的小的幼儿给予语言上的指导。

5. 展示作品，欣赏与评价

交流：你最喜欢哪一幅作品？喜欢它的什么地方？

中班活动：好大一棵树

【设计意图】

"凡·高奶奶"常秀峰的画作均和生活了一辈子的河南农村有关，画中有"质朴的震撼和心灵纯净的体现"。本次活动，感受大自然和民间作品中高大树木所特有的粗壮的枝干、繁茂的树叶、形态的多样，使幼儿了解高大树木的造型和枝干伸向画纸外的构图方法，体会创作的快乐。

【活动目标】

(1) 感受大自然和民间作品中高大树木所特有的粗壮的枝干、繁茂的树叶、形态的多样。

(2) 在观察、感受、理解的基础上，尝试用粗细、曲直不同的线条表现一棵自己心中枝繁叶茂的大树。

(3) 体会创作的快乐与和谐的美。

【活动准备】

(1) 和家长一起寻找公园里、道路旁、小区里的大树，用相机记录自己的发现。

(2) PPT（自然界中各种大树的图片、常秀峰的绘画作品），音乐，水粉颜料，画纸，水粉笔。

【活动过程】

1. 欣赏自然界里各种不同姿态的大树

提问：自然界里还有各种各样的大树，我们一起来看一看。你喜欢哪一棵大树？它是什么样子的？

这棵大树看起来怎么样？你是怎么看出这是一棵很高大的大树的？这棵大树的哪个地方让你感觉到高大繁茂？我们用动作来学一学。

小结：这些大树看起来很高大，它们的树干有的粗粗的，几个人拉手抱都抱不过来；有的高高的、直直的，像长到天上一样。他们的枝条伸向四面八方，枝叶繁茂，像一把撑开的伞，把天空都遮住了。

2. 欣赏常秀峰奶奶的作品，了解高大树木的造型和枝干伸向画纸外的构图方法

提问：有一位常秀峰奶奶，她画了许多大树，我们来看看她画的树是什么样子的？

常奶奶用了什么好方法来表现高大的大树？她画的树干和树枝是什么样子的？树枝一样粗吗？是怎么分叉的？大树下面有什么？它们和大树比起来怎么样？

小结：常奶奶画的大树有粗粗的枝干，有的大树树枝很长，分叉很多；有的大树树枝粗粗的、弯弯曲曲的，一直伸到画纸外面；有的大树下面还有小房子和小动物，这样

的绘画方法都可以让大树看起来特别高大。

3. 幼儿尝试用水粉笔表现自己心目中枝繁叶茂的大树

（1）组织幼儿讨论绘画方法，怎样才能画出一棵很高大的树？

（2）请 1~2 名幼儿示范绘画大树，用笔的正面画粗粗的树干，用笔的侧面画细树枝。

4. 幼儿作画，教师巡回指导

（1）鼓励幼儿大胆尝试，用丰富的线条和饱满的构图表现"好大一棵树"。

（2）指导幼儿主动选择颜色，和同伴友好地交换颜料。

5. 展示作品，欣赏与评价，感受树的高大、繁茂

引导幼儿围绕"你画了一棵什么树？有什么特别的地方想要介绍给大家？"等问题对大树的整体造型、树干上的花纹、树叶的布局进行交流。

大班活动：和塞尚一起挑苹果

【设计意图】

苹果是幼儿生活中经常接触的水果，可是在小班幼儿的笔下，大多数都是单一的红色。中班幼儿对于苹果颜色的认识就提升为红色、绿色、黄色等多种色彩。到了大班，幼儿辨色能力更强了，他们会从一个苹果上分辨出不同的色彩。在本次活动中，通过对印象派艺术大师塞尚的多幅有关苹果的作品欣赏，引导幼儿发现塞尚苹果的色彩美和构图美，在仔细选苹果的情景中大胆表现苹果光滑质感和丰富的颜色。

【活动目标】

（1）欣赏经典艺术作品，发现作品中丰富的色彩美与构图美。

（2）在仔细选苹果的情景中，乐于表现苹果光滑质感和丰富的颜色。

【活动准备】

塞尚名画图片数幅，苹果数个，炫彩棒，剪刀，深色底板纸一张。

【活动过程】

1. 欣赏谈论，激发活动兴趣

（1）猜猜苹果的颜色。提问："今天我带来了几个苹果，你们能不能猜一猜我带的苹果是什么颜色的？""对，有红色，有没有其他颜色呢？"

（2）欣赏作品《一个苹果》（局部），共同分辨并找出画面上苹果上有哪些颜色，从中了解塞尚画得很慢的道理。

提问：找一找，塞尚画的苹果有哪些颜色？

小结：塞尚每画一笔都会仔细地看，静静地想，慢慢地添加，把每个苹果都画得又新鲜又光滑。

（3）欣赏作品"桌上的苹果"，进一步感受塞尚的绘画风格。

提问：数一数每幅画中有几个苹果？这些苹果是怎么放置的？

小结：塞尚画的苹果个个都不相同，有的放到了盘子里，幼儿放到了瓶子旁边，每个苹果都摆放得舒舒服服。

2. 师幼共同探索画法

（1）用什么颜色画苹果的边——可以选红色、绿色、橙色等，最好选浅一点的颜色，便于接色。

（2）边选色边涂色——介绍用擦色的方法接色。

（3）苹果的小坑是什么颜色的呢？——可选深一点的颜色。

3. 幼儿操作尝试，教师巡回指导

（1）来到水果店——每张桌上放一个苹果，认真观察苹果上的颜色变化。

（2）挑选最新鲜的苹果——用炫彩棒直接画轮廓，逐步添加颜色。

（3）摸一摸，苹果是否光滑——用摩擦的方法接色，使颜色接近和调和。

（4）买回家——剪下苹果。

（5）洗干净——用炫彩棒再局部加色，直到满意为止。

（6）放在桌上——贴在底板纸上，思考摆放的位置。

4. 观赏交流，提升经验

（1）将幼儿的作品放到塞尚作品中，与塞尚作品一一对照，获得成功体验。

（2）赏析评价。

提问："我们画出了很多又新鲜又光滑的苹果，请大家选一选，哪些苹果最新鲜呢？为什么？我们一起把最新鲜的苹果放在盘子里招待客人吧。"

大班活动：盲女

【设计意图】

《盲女》是一幅表现乡村现实生活的油画，盲女和妹妹依偎在一起，平静地聆听妹妹对周围景物的描述，画家将盲女姐妹的流浪生活和周围美丽的景色进行了对比，突出盲女向往光明的美好愿望。大班幼儿对画已经有了一定的鉴赏能力，但是他们缺乏细致赏析的方法以及领悟作品内涵的能力。因此，本活动通过让孩子体验盲人生活，使幼儿直接感知看不见美好事物的遗憾和恐惧并产生同情心理，并通过整体赏析—视频扫描式赏析—局部放大赏析的方法，给孩子赏析作品的步骤和线索，深度挖掘作品内涵。

【活动目标】

（1）欣赏名画《盲女》，尝试领会盲女用心感受周围景致的沉静、自然之美。

（2）能用完整、连贯的语言描述《盲女》的画面内容，并能将自己所想到的事物画下来分享给盲女。

（3）感受盲女坚强、乐观的心态。

【活动准备】

印有盲女形象的画纸、水粉、画架等绘画材料、《盲女》PPT。

【活动过程】

1. 感知体验"我来做你的眼睛"

（1）幼儿两两结对，扮演"盲人"的幼儿坐到椅子上，直接感知作为盲人生活的不方便和内心感受。

（2）交流感受。

提问：刚才在活动中被蒙住了眼睛，你有什么样的感受？当有一双手稳稳地扶着你，你又有怎样的感受？在扶着小伙伴走来的时候，你的心里在想什么？

小结：帮助别人是快乐的！在英国的乡村有一对流浪的小姐妹就像你们一样相互依偎，相互帮助。有一位画家叫约翰埃弗瑞特米莱看到了这感人的一幕，并把它画了下来，作品的名字叫《盲女》。

2. 走进作品，找寻"画中有话"

（1）扫描式整体赏析，从整体感知作品。

提问：画面中有什么？都有谁？在哪里？他们在干什么？

小结：两个孩子坐在一片金光色的草地上，小女孩抬头看着远处的风景和天上的彩虹，给盲女讲述着这个美丽的世界，盲女正在认真地倾听着。

（2）局部放大赏析，从细节挖掘寓意。

① 利用视频感知静止的蝴蝶。

② 利用音频感知远处的鸽子和羊群。

③ 观察衣服上的破洞和补丁。

（3）分析画面色彩，理解画家用意。

提问：为什么画家用了大量的黄色？黄色给人什么样的感觉？小姐妹的衣服是什么色调的？为什么画家要这样用色？

小结：明暗对比的方式会让主体人物形象更加突出，画家用明快的色彩给盲女带来光明和希望。如果以后小朋友在画画时想表达开心、快乐的事情，也可以选择暖色系、明色调。

3. 创作表现"送给盲女姐妹的礼物"

（1）提出绘画要求：盲女想看一看这个美好的世界，你愿意把你看到的美好的事物画下来送给她们吗？除了画风景，你觉得盲女还需要点什么？

（2）幼儿进行表现创作，教师巡回指导。

4. 赏议启创"送给盲女的美好世界"

提问：你向盲女介绍了哪些美景？你给盲女画了什么？当盲女听到小朋友的介绍，他的心里会有怎样的感觉？

小结：你们真是一群乐于助人的好孩子，相信在今后的日子里你们会用爱心帮助更多需要帮助的人。

大班活动：舞动的藤蔓

【设计意图】

藤蔓装饰在当今的家庭装潢装饰中被广泛运用，如蕴含藤蔓元素的墙面彩绘、墙纸、生活用品的包装图案等。本次活动，通过欣赏视频、图片，让幼儿在观察、比较、游戏中欣赏藤蔓之美，感受螺旋线条的延伸、变化，了解新的艺术表达形式，尝试创作藤蔓风格的画。

【活动目标】

（1）欣赏具有藤蔓装饰风格的作品，感受藤蔓舞动的不同姿态。

（2）能大胆运用粗细、曲直不同的线条表现藤蔓的主要特征，并用点彩的方法表现叶子和花朵。

（3）体验藤蔓的装饰美，大胆愉快地创作。

【活动准备】

藤蔓的写实图片，视频，古斯塔夫·克里姆特作品，肖邦的《玛祖卡舞曲》，毛笔，颜料，背景纸等。

【活动过程】

1. 欣赏藤蔓的生长视频，感受藤蔓舞动的姿态

提问：小朋友们，你们见过藤蔓吗？今天老师给大家带来一段藤蔓生长的视频，我们一起来看看，里面的藤蔓是什么样的？在干什么？

小结：藤蔓在生长过程中，有弯曲摆动，有的缠绕盘旋，像个优美的舞蹈家。

2. 逐一欣赏藤蔓的图片，引导幼儿观察、讲述藤蔓不同的姿态，并用肢体动作进行模仿

提问：这些藤蔓有哪些不同？它们是怎样的跳舞的？

小结：藤蔓有的粗，有的细，它们会跳不同的舞蹈，有的会跳摇摆舞，有的会跳旋转舞，有的会跳圆圈舞，有的还会缠绕在一起跳舞，它们跳舞的方向也不同，有的从上

往下或者从下往上，有的横着从一边向另一边舞蹈，非常优美！

3. 欣赏大师的装饰画作品，感受螺旋线在环绕中的规整、均衡之美

（1）出示大师作品，观察螺旋形。

提问：跳舞的藤蔓真好看，所以被设计师们用到了装饰画上。这是奥地利绘画大师古斯塔夫·克里姆特创作的一幅作品，看看他画的是什么，树枝是怎样的？用手绕一绕，看看和画家绕的像不像？

小结：绕完了一条还可以接着往外延伸继续绕，每一个树枝上都绕满了才好看。

（2）观察大师作品的装饰图案。

提问：画家在树枝上也添了许多的装饰图案，都有些什么呢？

小结：画家用了许多螺旋形线条来画树枝，又在树枝上添了许多自己喜欢的图形、图案，让这幅画看起来很丰富、很美。

4. 幼儿制作自己的藤蔓画，教师巡回指导

（1）出示绘画材料，了解用笔用色的方法。

（2）鼓励幼儿用曲直、粗细不同的线条表现藤蔓的主要特征，用点彩的方法表现叶子和花朵。

5. 作品展示、欣赏与评价

鼓励幼儿大胆描述自己的作品：你的藤蔓是怎么跳舞的？螺旋形线是什么样子的？上面添了哪些自己喜欢的图案？你觉得有趣吗？鼓励幼儿在活动区里继续设计藤蔓花边边框。

大班：奇妙的圆点画

【设计意图】

圆点的创作是一种抽象的艺术。日本著名的艺术家波点女王草间弥生运用圆点的大小、色彩、排序等规律，通过对比色、相似色、同种色等多种配色方法，赋予圆点画独有的美感。本次活动，从欣赏经典的圆点画开始，萌发幼儿对美的感受和体验，丰富其想象力和创造力，引导幼儿用心去感受美和发现美，尝试用自己喜欢的圆点表现美、创造美。

【活动目标】

（1）欣赏经典的圆点画，感受圆点画的特点和风格，尝试运用不同大小、色彩、排序规律的圆点进圆点画创作。

（2）能运用圆点装饰自己喜欢的画，并将圆点按一定规律装饰画面。

（3）体验创作的乐趣。

【活动准备】

（1）课件、调色盘、棉棒、水彩笔、音乐、画纸。

（2）初步了解圆点画的特点，有用圆点绘画经验。

【活动过程】

1. 欣赏圆点画作品，引导幼儿感受圆点画的特点和风格

提问：和我们一起做过游戏的圆形泡泡变成圆点点，藏在了老师带来的作品上，你喜欢哪一副？为什么？

小结：用不同颜色大小的圆点有序地排列组合，创作的画叫波点画，也叫"圆点画"。我们能看到圆点组合成为线，线又成为面，点线面相结合在一起就成了波点艺术。

2. 欣赏草间弥生作品，进一步感受圆点画的风格，帮助幼儿学习运用圆点作画的方法

（1）欣赏"南瓜"，了解大小不一、规律排列圆点装饰的作画方法。

提问：南瓜身上的圆点有什么特点？圆点是怎么排列的？

小结：先画出物体的外形轮廓，然后选择单色将圆点按照一定排序规律进行装饰。

（2）欣赏"胡萝卜"，感受彩色圆点进行装饰作画的方法。

提问：这幅画和上一幅画有什么相同地方？看上去却又有哪些不一样？它给你什么样的感觉？

小结：画出外形轮廓后，用线条根据物体特征分成若干部分，或直接用彩色的圆点进行装饰这样创作出来的圆点画色彩更鲜艳，画面更生动。

（3）放视频，欣赏圆点画创作，进一步感受圆点的变化和神奇。

3. 讨论设计自己的圆点画作品的方法

提问：你在哪些地方见过带有圆点图案的物品？你想设计什么圆点图案呢？

4. 幼儿自由创作，教师巡回指导

（1）引导幼儿明确作画的内容：根据自己兴趣绘画事物的形象轮廓。

（2）提醒幼儿注意作画顺序：先画事物外形，用线条分割画面，用圆点装饰画面。音乐结束，停止作画。

（3）运用圆点装饰的方法表现出圆点画的特点。

5. 互相欣赏作品，分析作品中美的地方，引导幼儿关注作品中圆点与圆点之间大小、排序、色彩的整合搭配

（1）提问：你画了一副什么样的圆点画，你是怎样运用圆点装饰的？

（2）了解波点女王草间弥生，继续欣赏圆点在我们生活中的运用。

大班活动：藏在名画里的猫

【设计意图】

绘本《藏在名画里的猫》讲述了猫画家菲莉西玛在名画中添画各种猫咪形象的故事，以独特的方式向小读者展现了来自伦敦国家美术馆、马德里普拉多美术馆、纽约大都会艺术博物馆和巴黎卢浮宫的传世名画。本次活动，教师借助奇思妙想的故事情境，带领幼儿积极地观察思考画作中人物的动作、表情，猜测其心理状态，并根据画面情境表现出不同形象的猫咪形象，提高了幼儿对名画的欣赏能力。

【活动目标】

（1）根据画面情境大胆地表现不同形态的猫咪形象，体验创作的乐趣和成功感。

（2）能关注画面上人物的动作、表情，判断其不同的心理状态，有兴趣地欣赏名画。

【活动准备】

绘本《藏在名画里的猫》幻灯片；三幅名画《收割季节中的一餐》《宫娥》《蒙娜丽莎的微笑》；油画棒，牛皮纸和白纸，剪刀，固体胶等。

【活动过程】

1. 创设情境，引导幼儿回忆故事

引导幼儿回忆绘本《藏在名画里的猫》中猫画家菲莉西玛做了什么事情。

2. 提供背景，指导幼儿创作不同形态的猫

（1）欣赏名画，引发想象。

教师同时出示三幅名画《收割季节中的一餐》《宫城》和《蒙娜丽莎的微笑》，引导幼儿思考讨论：如果你是天才画家菲将西玛，你喜欢在哪一幅画上画一只猫呢？它在干什么？（启发幼儿模仿猫的各种姿态）

（2）创作形象，尝试摆放。

提供牛皮纸和白纸，指导幼儿能仔细地观察画面上的情境和人物，并能根据自己选择的名画情境来设计猫的不同造型，如站着、趴着、仰头、低头等，且猫的造型要能符合画面的需要。幼儿画好后把猫的形象剪下来，以名画作为背景，贴在相应的位置上。

3. 创编想象，鼓励幼儿讲述猫与名画的故事

（1）提问：找一找，说一说，自己画的猫在哪里，在干什么？

（2）变换猫的位置，帮助幼儿体验猫的大小和作品布局的关系。

提问：如果把猫咪放在这里会怎么样呢？

（三）畅游民俗学画画——体验文化之美

民族文化是一个民族的根源。千百年来，我们的祖辈们创造出诸如陶瓷、泥塑、木

刻、刺绣、瓷器、年画、扎染、国画、风筝、剪纸、服饰等众多精彩纷呈、灿烂辉煌、具有强烈的民族特点的民间艺术品。它们不仅是中华民族的艺术瑰宝，也是世界文化艺术中的珍品。但遗憾的是，随着世界一体化的发展、国际信息交流的日益便捷以及各种外来文化的冲击，目前的幼儿及他们年轻的家长基本接受了西方文化，对民族本土文化正在渐渐淡忘。它们对白雪公主、奥特曼等外国艺术形象的熟悉程度要远远高于对盘古、女娲、大禹等民族文化艺术形象的了解，对外来文化的认同远远高于对优秀传统文化的认同。表现在美术教学中，则是幼儿园对本土美术文化的教学少之又少！缺少丰富的民族本土美术资源内容，缺乏民族本土美术文化的渗透，这就意味着缺失了民族传统文化的审美。

习近平总书记在党的十九大报告指出："没有高度的文化自信，没有文化的繁荣兴盛，就没有中华民族伟大复兴。"文化自信是主体对自身文化的认同、肯定和坚守。儿童是文化传承的核心，重视对少年儿童的民族本土文化教育，就要在教育过程中渗透民族文化的重要元素。因此，我们有必要从幼儿园开始，就把扎染、年画、国画等广泛流传的民间美术潜移默化的融入儿童的日常生活，扎根于儿童的心灵深处，增强对民族文化的认同。

1. 贴近生活，感受艺术美感

我国民族艺术很多，不同地区的民间美术资源侧重点不同。教师应把握审美教育主线，牢牢结合幼儿的兴趣和需要，开展相应的活动扩展幼儿美术课程。例如，可以组织幼儿参观本地的美术馆、民俗馆，在本土文化的渗透融入中，培养他们的民族自豪感；可以利用假期引导家长带领幼儿游览各地名胜古迹如古建筑群、博物馆等，了解不同地区民间艺术的魅力，感受古代人民的智慧；可以通过春节、元宵节、中秋节等传统节日开展剪纸、年画、赏灯等民俗活动，体验家乡民俗节日独特美感；可以在幼儿园或者班级创设特定区域摆放搜集来的各种民间美术作品，增强民族文化认知。

幼儿美术教学还需要做到生活化，将教学与具体的生活实践相结合，提供幼儿熟悉、和幼儿生活经验密切相关的民族文化要素，让幼儿能够时刻感受到美术活动中所蕴含的民族艺术。例如，我们抓住节假日家长带幼儿回农村老家的契机，开展了"淳朴农画"的主题系列绘画活动。假期中，家长陪伴幼儿走进田野，参与农耕生活，观察农民劳作的情形，如浇水、施肥、拔草等，体会劳动人民的心情；走进农家小院，参与农民文化活动，如逛庙会、拜年、婚俗、祭祀等，感受农村喜庆、祥和的节日气氛。国庆假期返园后，教师带领幼儿回忆农村生活岁时节令、生产劳动、生活及民俗风情，幼儿利用搜集的农民田间耕作、劳动休息、风俗活动、丰收场景的相关素材，大胆表述童眼视界中农村生活的多姿多彩。

接着，教师将农民画请进课堂，开展基于儿童经验"农民画真好看"欣赏活动，教师引导幼儿从艺术造型、表现形式、色彩应用、构图方法上深度梳理农民画的艺术特色，寻觅农民画与儿童画的异曲同工之妙，激发孩子对农民画的浓厚兴趣。在初步探究了解农民画艺术特色的基础上，教师又带领幼儿进一步了解农民画创作主题、作画思想、创作心理和情感表达，同时借鉴农民画创作题材，利用农村生活照片、摄影作品、美术作品等素材开阔视野，丰富儿童画的表现内容。最后，在《大公鸡喔喔叫》《瓜儿熟了》《我们的小菜园》等实践创作中，幼儿融入了自己所感知的乡村生活，把自己感兴趣的内容、喜欢的图案和情景用农民画的方式表现，构图的轻松随性、造型的大胆夸张、色彩的鲜明热烈，极具农民画的装饰风格，给人一种视觉审美上的冲击力和愉悦感。

2. 充分欣赏，获得文化熏陶

在幼儿美术教学过程中对幼儿进行民族艺术的渗透熏陶，是让幼儿更好地继承和发扬中华民族优良传统的最佳途径。民间艺术的欣赏总是和参与、操作、创新联系在一起的，是在过程中感受，在过程中创造的。

例如，在我们开展的韵味青花主题活动中，首先教师和幼儿一起收集了各种青花的物品，如瓷碗、瓷盘、瓷瓶、服装、头巾的实物和图片等，在收集过程中，幼儿对青花瓷的丰富多样和白底蓝花、清新淡雅的色彩特点有了初步感受。接下来，教师引导幼儿，从图案纹样的丰富造型、所代表的吉祥寓意到团花、对称、连续等不同的花纹构图方式进行欣赏，进一步帮助幼儿体验青花瓷器纹样独特的形式美。同时还根据幼儿的兴趣和发展水平，组织幼儿选择纸碗、纸盘、纸伞、纸扇、旗袍模板、真实的瓶子为载体，进行青花风格的创作，在音乐《青花瓷曲》意境渲染下，孩子们用自己喜欢的材料及方法，互相欣赏着不同的图案，又借鉴同伴的方法进行大胆创新，表达自己对青花瓷的审美感受和体验，在愉悦和成功中，形成情感共鸣。不仅培养了幼儿审美素质和审美能力，而且增强了幼儿对民族传统艺术自豪感。

3. 实践养成，体验创作乐趣

要想让幼儿在美术学习过程中感受到中华民族传统文化的博大精深，体悟到传统文化的悠久、艺术的精妙，关键在于创造机会引导幼儿去了解、感受民族艺术，自然地渗透进幼儿园美术教学中，通过切身实践体验民族艺术的无穷魅力。

例如，我们选择幼儿生活中常见的瓜果、藤蔓植物作为绘画对象，组织了一次大班"水墨丹青"传统绘画活动。这次绘画活动是以系列活动的形式开展，大致可分为经验准备阶段、感知体验阶段、表达表现阶段、交流展示阶段。在经验准备阶段，教师组织了"水墨小趣"欣赏活动，通过将水墨画和农民画进行对比欣赏，引导幼儿初步了解水墨画的多墨少彩、诗书画印结合的特点和留白的构图方式；通过逐幅欣赏水墨大师的水墨画，初步感受水墨画的意境美；通过观看画家作画视频，初步了解水墨画用笔的方法；通过让幼儿寻找和体验水墨线条，感受使用水墨材料进行自由绘画的乐趣；通过交流分享，激发再次尝试的信心。

在感知体验阶段，教师组织了"点点线线来聚会"的水墨画初体验活动，通过观察、联想、交流吴冠中作品《春如线》，了解用点和线进行创作的基本方式，感受水墨画中"线"的柔和和"点"的跳跃。接着，幼儿在自由的充满乐趣的"水墨游戏"中，尝试墨的体验与塑造，学习墨的浓淡的不同表现方式。最后在表达表现阶段和交流展示阶段，教师组织了"樱桃红了""葡萄熟了""弯弯的藤儿结丝瓜"等水墨画活动，这些内容丰富、形式多样的水墨画吸引着幼儿，扩展了幼儿对水墨画的了解和认识，同时激发了幼儿进一步探索水墨画、了解水墨画的兴趣。课堂上，幼儿在教师富有美感的语言引导下，从掌握用点压转圈的方法表现圆润的樱桃，到用深浅不同的颜色表现一串葡萄，最后既要有用侧锋写意的方法绘画丝瓜掌状叶，还要用点压方法尝试表现丝瓜的外形，并合起来展现一幅生机勃勃的美景。从工具、材料的逐步添加到绘画内容的合理有序设计，再到中锋、侧锋的技法深入，幼儿由浅入深，不断地体会着国画的无限魅力，在潜移默化地受到熏陶，从而实现传承与弘扬我国传统文化的目的。

大班主题活动：淳朴农画

【设计意图】

农民画是中华民族深具群众基础的一种传统民间艺术，是劳动人民人生志趣和生活憧憬的结晶。本主题以参观农村为切入点，让孩子走进田野、走进农家小院、走进农民画室，充分感知农民画特点，体会农耕文明和农民热爱生活的情感。同时，从农民画中汲取营养，激发对艺术的兴趣，从生活中发现美、欣赏美、追求美、实践美，展现美和创造美。

活动一：农民画真好看

【活动目标】

(1) 理解农民画造型夸张、色彩浓烈等艺术特点，感受农村生活的丰富多彩和农民画的淳朴美。

(2) 能用丰富的词汇、完整的语言清楚地表达自己的认识和感受。

【活动准备】

农民画作品PPT，水粉颜料，水粉笔，幼儿画好的作品，抹布等。

【活动过程】

1. 组织谈话，回忆有关农村的经验

提问：你去过农村吗？你的印象中农村是什么样的？

2. 欣赏农民画，在观察、比较、讨论、归纳中理解农民画造型夸张、色彩浓烈等艺术特点

(1) 欣赏农民画，了解农民画中表现的内容。

提问：这幅画上画了什么？这些人在干什么？他们的心情怎么样？这是一个什么样的地方？

小结：这些画都画了农村里的生活，是农民表现自己愉快生活的绘画作品，这就是农民画。

(2) 欣赏农民画作品，初步了解农民画造型夸张的特点。

提问：农民画上的农产品一眼看上去怎么样？（都很大）农民画上的农产品和人比起来怎样？

小结：农民画都喜欢把东西画得大大的，比我们平常看到的都要大，这就叫夸张。

(3) 欣赏农民画作品，初步了解农民画造色彩浓烈的特点。

提问：农民画中都用了哪些颜色？用得比较多的是什么颜色？这些颜色看上去都怎么样？（非常浓）

小结：农民画中喜欢用鲜艳的颜色。

3. 幼儿尝试在画好的作品上用各种颜色进行涂色活动

提出要求：我们也试着用农民画中喜欢用的颜色来为我们的画涂上好看的色彩。

4. 展示幼儿作品，感受画面中鲜艳的色彩

交流：你是怎样搭配这些颜色的？

活动二：大公鸡喔喔叫

【活动目标】

(1) 通过观察、比较、交流、进一步了解农民画的造型和用色特点。

(2) 尝试用夸张的方法、简单的纹样、艳丽的色彩表现一只大公鸡。

(3) 尝试小组成员共同商量、合理布置画面，提高与同伴协商、共同解决问题的能力。

【活动准备】

农民画《鸡》，养鸡的照片，画纸，勾线笔，蜡笔等。

【活动过程】

1. 欣赏农民画《鸡》，在比较、交流中进一步了解农民画的造型和用色特点

(1) 了解农民画中大公鸡夸张的特点。

提问：农民伯伯在干什么？这些鸡怎么样？和人比起来呢？为什么农民画中要把鸡画得又肥又大呢？

小结：农民伯伯希望自己养的鸡和鱼长得又肥又大，这样他们自己吃不完还能卖很多钱，生活就会越来越好。农民画中常运用夸张的方法，这表达了农民对自己生活的美好希望。

(2) 了解农民画中大公鸡色彩浓烈的特点。

提问：画中什么颜色用的比较多？亮亮的颜色画在深深的底色上有什么感觉？

小结：农民画喜欢用鲜艳的颜色，而且深色和浅色搭配在一起很好看。

2. 幼儿尝试用夸张的方法、简单的纹样、艳丽的色彩表现一只大公鸡

(1) 讨论用拼摆的方法，小组成员共同商量、合理布置一幅群鸡图。

提问：你想画一只什么样的大公鸡？怎样把它画得又大又好看？你想用什么颜色表现一只艳丽的大公鸡？

(2) 幼儿作画，教师指导。

提醒幼儿试试农民画中用到的方法。

3. 布置作品，欣赏交流作品

布置任务：每组小朋友画好的大公鸡剪下，摆放成一幅群鸡图。

交流：你画的大公鸡是什么样的？你们组的群鸡图是怎样摆放的？

活动三：瓜儿熟了

【活动目标】

(1) 了解南瓜的造型特点，感受南瓜成熟时瓜田的美。

(2) 尝试用夸张的方法、对比强烈的色彩表现一片瓜田。

(3) 能与同伴共享材料和空间，享受有序作画的快乐。

【活动准备】

农民画《南瓜》等相关作品PPT，南瓜实物，水粉颜料，水粉笔，抹布，黑卡纸等。

【活动过程】

1. 出示南瓜实物，调动幼儿参与活动的兴趣

提问：看！这是什么？你在哪里见过南瓜？南瓜田是什么样的？

2. 欣赏农民画《南瓜》，了解南瓜的造型特点，感受南瓜成熟时瓜田的美并进一步了解农民画造型夸张、色彩对比强烈的特点

(1) 了解南瓜的造型特点，感受瓜田成熟时的美。

提问：你看到了什么？南瓜是什么样子的？南瓜的藤蔓是什么样的？这幅画中什么最多？农民伯伯收获了这么多南瓜，心里感觉会怎么样呢？你看到这么一大片南瓜田，你感觉怎么样？

小结：农民伯伯种的南瓜熟了，圆圆的、橘红色，有着长长的藤蔓，绿绿的叶子。这么一大片南瓜田，我们看着心里可真开心。

(2) 进一步了解农民画造型夸张以及色彩对比强烈的特点。

提问：画上除了有南瓜还有什么？南瓜和人比起来觉得怎样？画中用了哪些颜色？橘红色和绿色在一起感觉怎么样？

3. 幼儿尝试用夸张的方法、对比强烈的色彩创作、表现一片瓜田

(1) 讨论绘画方法，注意构图。

提问：你的南瓜要画成什么样？你会画几个南瓜？画多少才会是一大片瓜田呢？把南瓜分别画在什么地方才能让画面好看呢？

(2) 幼儿创作，教师观察指导。

出示创作材料，提醒幼儿换颜色时要先把笔洗干净。

4. 展示、评价幼儿作品，感受画面中南瓜夸张的造型特点

交流：你的南瓜有多大？

大班主题活动：韵味青花

【设计意图】

青花瓷的清新脱俗、精致典雅成为中国传统文化的瑰宝，青花瓷盘可欣赏的点非常多，如青花瓷盘的多样性、花纹的造型、花纹构图方式等。根据幼儿的认知特点，本主题以参现博物馆中的青花瓷器为切入口，以青花瓷器展销会的内容设计为线索，通过参观、收集、交流、欣赏、绘制等方式，学习单独纹样、连续纹样及情趣画面等不同装饰方法，简单了解青花纹样中所蕴含的民俗文化，感受青花饰品独特的韵味。

活动一：美丽的青花瓷盘

【活动目标】

(1) 感受青花瓷白底蓝花、清新淡雅的色彩特点及装饰风格，喜爱中国传统的青花瓷艺术。

(2) 初步了解中国青花瓷吉祥纹饰的装饰特点和简单的纹饰寓意。

(3) 喜爱中国传统的青花瓷艺术，增强民族自豪感。

【活动准备】

教学PPT，青花瓷盘图片课件，纸盘，蓝色颜料，棉签，画笔，纸盘托架，背景等。

【活动过程】

1. 情景导入，参观瓷器博物馆

导语：小朋友们，你们知道吗，我们中国自古以来被称为"瓷器大国"，今天老师邀请小朋友们来参观瓷器博物馆，现在我们一起出发吧！

2. 感知欣赏青花瓷，初步了解中国青花瓷的装饰特点和纹饰寓意

(1) 欣赏青花瓷视频，整体感受青花瓷器色彩特点。

提问：你在视频里都看到了什么？这些瓷器都有什么颜色？给你什么感觉？

小结：在我们中国，蓝色有一个好听的名字叫"青色"，用青色画出来的花纹叫"青花"，所以这种在白色的瓷器上画有深深浅浅的青色花纹的瓷器，就叫"青花瓷"。青花瓷白底蓝花，清新淡雅，看起来非常美丽。

(2) 观察图片，感受青花瓷器的花纹和图案。

提问：在这些青花瓷上，你看到了哪些图案？

小结：青花瓷花纹和图案很丰富，不仅有动物、植物、人物，还有风景呢！青花瓷花纹和图案不仅看起来漂亮，不同的花纹和图案还有着不同的寓意。

(3) 观看视频，了解青花瓷花纹图案的寓意。

提问：鱼代表什么意思？喜鹊寓意着什么？人们为什么要在青花瓷上画花纹图案？

小结：人们在青花瓷器上画鱼的图案，表达了年年有余的寓意，喜鹊登梅图寓意喜上眉梢，喜事连连。

(4) 观察图片，了解青花瓷花纹的布局结构。

提问：在这个青花瓷盘上你看到了什么？小花在盘子的什么地方？盘子边上的小草是怎样排列的？

小结：像这种在盘子中间较大的花纹图案，我们叫盘心花纹。像这样一个挨一个，按照二方连续花纹连续有规律排列的花纹，我们叫盘边花纹。

3. 走进体验馆，引导幼儿自由设计纹样，尝试装饰青花瓷盘

(1) 教师介绍工具材料，鼓励幼儿创作出与众不同的青花瓷。

提问：请小朋友想一想，你想在上面画什么？怎么画？请你来试一试。

小结：你有什么心愿或者希望，可以用图案表现出来，可以先从中间画主题花纹，再画出边缘的花纹，还可以把一些中国民族的纹样表现在青花瓷盘上。

（2）幼儿作画，教师巡回指导。

引导幼儿选择适宜的图案花纹进行装饰，将主要图案和花纹画在中间醒目的位置，较合理地进行构图，提醒幼儿细心的使用水粉颜料和画笔进行绘画创作，并灵活运用棉签辅助进行点、线、图形的装饰。

4.展示作品，分享交流

围绕"你设计的青花瓷盘上都运用什么花纹？表达了什么愿望？""你觉得哪一个盘子最美，哪里最美？"进行交流。

5.观看中国陶瓷艺术品赠送活动视频

教师小结：青花瓷作为我们的国瓷，它是我们珍贵的宝藏，在很多时候都成为我们中国的一个代表、一张名片，孩子们继续努力传承民族精神，将我们国家优秀的文化分享给全世界的小朋友。

活动二：青花瓷碗

【活动目标】

（1）了解青花瓷碗的装饰特点，感受青花瓷碗的精致和典雅。

（2）尝试用简单的线条和图形组合成连续纹样来装饰纸碗。

（3）能耐心细致地描绘，努力克服绘画过程中可能遇到的困难，坚持完成任务。

【活动准备】

青花瓷碗实物与图片、一次性食用碗，蓝色记号笔等。

【活动过程】

1.通过回忆、交流，调动幼儿对青花瓷碗的已有经验

提问：你们看过青花瓷碗吗？在哪里看到的？是什么样子的？

2.观察讨论、欣赏交流，了解青花瓷碗的装饰特点，感受青花瓷碗的精致和典雅

（1）出示实物瓷碗，欣赏青花瓷的色彩及特点。

提问：青花瓷碗的色彩是怎样的？只有蓝白两种颜色，给人怎样的感觉？

小结：白底蓝花的瓷器叫作青花瓷。它给人素雅、清新的感觉。

（2）欣赏、感受青花瓷所采用的中国特色的装饰花纹。

提问：青花瓷碗上面有怎样的线条和图案？

小结：这些回纹、波浪等线条都代表了生生不息的意思。线条和图案大多是重复排列的。每个图案都有特别的意思，如蝙蝠代表多福，桃子代表多寿。

（3）欣赏青花瓷碗上的花纹，引导幼儿认识、发现各种花纹的规律美。

提问：你喜欢哪一个花纹？你觉得哪个花纹美，它们是怎么排列的？

3. 幼儿创作，教师指导

(1) 集体讨论幼儿创作，学习用线描的方法进行装饰。

提问：你想做一个什么样的碗？想想用什么样的点、线、花纹来装饰呢？

(2) 播放优美的古典音乐，幼儿尝试用蓝笔在纸碗上进行设计、创作，教师巡回指导：引导幼儿注意花边图案的有规律排列，并用一些漂亮的对称图案来装饰，鼓励幼儿耐心细致地完成任务。

4. 欣赏、评价幼儿作品，进一步感受青花瓷器的韵味

围绕"你设计的青花瓷碗上都运用什么花纹？"进行交流，并将装饰好的青花瓷碗运用在班级小吃店游戏中。

活动三：青花瓷瓶

【活动目标】

(1) 感受青花瓷瓶造型的丰富和装饰纹样的精美。

(2) 尝试用单独纹样（或情景画面）、连续纹样以及不同深浅的青色在立体的瓶子上进行装饰。

(3) 能耐心细致地描绘，坚持完成任务。

【活动准备】

教学 PPT，收集各种青花瓷瓶，用丙烯颜料将塑料瓶刷白、晾干。

【活动过程】

1. 布置瓷瓶展览，欣赏各种造型的实物青花瓷瓶，感受青花瓷瓶造型的丰富

(1) 多感官感受青花瓷瓶。

提问：这些是什么？看看桌上的花瓶是什么样的？像什么？摸一摸，有什么感觉？轻轻地敲一敲，会发出什么声音呢？敲的声音像什么？感觉怎么样？这些瓷瓶有什么一样的地方？它们花纹的颜色怎么样？

小结：这些白底青花的瓷瓶就叫作青花瓷瓶。

(2) 欣赏青底白花的瓷瓶。

提问：我们再来看这种青花瓷瓶，和我们刚才看到的一样吗？

小结：这些白底青花和青底白花的瓷瓶都叫青花瓷瓶。

2. 观赏 PPT，欣赏瓷瓶造型的多样性，拓展幼儿的经验

提问：这些青花瓷瓶中，你最喜欢哪一个？它有什么特别的地方？

小结：青花瓷瓶瓶口——大大小小，方方圆圆；瓶颈——有的直有的弯，有的短有的长，有的粗粗长长的，有的细细长长的，有的上胖下瘦，有的上瘦下胖，有的瓶肚鼓

鼓的，有的瘪瘪的。

3. 欣赏青花瓷瓶上的图案，感受青花瓷瓶上装饰纹样的精美

(1) 逐图欣赏青花瓷瓶图片，了解青花瓷瓶装饰的纹样特点。

提问：你最喜欢哪一个青花？上面有哪些装饰图案？这些花纹装饰在花瓶的什么地方？这些图案是怎么排列的？

小结：有的瓷瓶在瓶肚中心装饰山水风景、传说故事、花卉动物，图案相对大一些，构成主图。有的会在瓶颈、瓶底、瓶口用一些小花纹连续重复装饰。

(2) 讨论对青花瓷瓶的整体感受。

提问：这些青花瓷盘给你什么样的感受？

小结：这些青花瓷盘不仅可以装东西，还给我们美的感受。

4. 幼儿创作，引导幼儿学习用中心图案+花边纹样的方法装饰青花瓷瓶

提问：今天我们也来做小小设计师，你设计一个什么样的青花瓷瓶？你想用什么样花纹和图案来装饰青花瓷瓶？先画什么？再画什么？缠枝花纹怎么画？

教师根据幼儿的回答在黑板上即兴演示，最终让幼儿自己得出结论——先画花后画枝。

5. 幼儿创作，教师指导

创作要求：青花瓷瓶只有蓝色、白色两种颜色，中间盘底的中心图案可以画上自己喜欢的图，它周围的花边纹样可以是图案或线条，但是它们都是有规律地排列着的。

提醒幼儿大胆创作，设计时注意中心图案与花边纹样相结合，花纹排列要有规律、均匀。

6. 欣赏、评价幼儿作品，进一步感受青花瓷瓶的特点

提问：请小朋友相互欣赏作品，说说瓷瓶用了哪些纹样来装饰？

引导幼儿在区域活动中继续进行青花瓷瓶的装饰创作，并用幼儿装饰好的青花瓷瓶进行花店游戏。

大班主题活动：水墨丹青

【设计意图】

水墨画是我国的四大国粹之一，具有简练、概括的特色。本主题，选择了幼儿生活中常见的瓜果、藤蔓植物作为绘画对象，幼儿在自由的充满乐趣的"水墨游戏"中，运用侧锋、中锋、浓墨、淡墨等作画技巧表达对生活的感受，激发他们发现美和创造美的情趣，从小了解和继承中华民族的文化遗产。

活动一：水墨小趣

【活动目标】

(1) 通过画家示范、讲解，初步了解水墨画所用的工具材料和使用方法。

(2) 尝试使用水墨材料进行自由绘画。

(3) 在观察、对比、交流的基础上，初步感受水墨画的意境美。

【活动准备】

中国经典水墨画PPT，宣纸，毛笔等水墨工具、材料。

【活动过程】

1. 对比农民画来欣赏水墨画图片，初步了解水墨画的主要特点

提问：在这么多幅漂亮的画画中，哪几幅是水墨画？你是怎么知道的？水墨画和其他的画有什么不一样？（色彩、留白）仔细看看水墨画上还有什么？（字、印章）

2. 重点欣赏水墨大师的单幅水墨画，初步感受水墨画的意境美

提问：这幅水墨画画的是什么？这棵梅花树是什么样子的？梅花树上的花是什么样子的？树干是什么样子的，用动作来学一学。这些树枝长得一样吗？什么地方不一样？（粗细、浓淡）

3. 观看视频，初步了解水墨画用笔的方法

提问：爷爷是怎么拿笔的？是先蘸水还是墨？墨蘸水之后有什么变化？用笔尖和笔肚画出来的线有什么不同？笔立起来画和横下来压下去画有什么不同？

4. 鼓励幼儿大胆尝试用笔、墨在宣纸上进行涂鸦

(1) 集体尝试学习、蘸水和用墨的方法。

提问：向水墨大师学一学怎么怎么蘸水？怎么用墨？用你的笔蘸墨，再蘸水。看看墨汁浓淡的变化。试试怎么能画出粗细不同的线条？

(2) 幼儿尝试用笔、墨在宣纸上进行涂鸦。

提问：你也在宣纸上试一试，画一画吧！和小朋友一起用材料时要注意什么？

5. 展示、交流幼儿的作品

提问：你画了什么？是怎么画的？你在画的过程中有没有遇到什么问题？

活动二：点点线线来聚会

【活动目标】

(1) 了解用点和线进行创作的基本方式，感受水墨画中"线"的柔和和"点"的跳跃。

(2) 尝试用毛笔和墨汁画出粗细、曲直不同的线条，并添加彩色点装饰画面。

(3) 学习有序蘸水、调墨的方法，养成良好的操作习惯。

【活动准备】

吴冠中《春如线》水墨画作品PPT，中小号毛笔、宣纸每人一套，各色国画颜料，笔架，调色盘，洗笔罐等。

【活动过程】

1. 调动已有经验谈话，引出主题

提问：现在是什么季节？就快要到什么季节？如果让你来画春末夏初的景象，你会画什么呢？

2. 欣赏吴冠中作品《春如线》PPT，感受水墨画的意境美及其中"线"的柔美和"点"的跳跃

(1) 通过观察、联想，感受水墨画的意境美。

导语：今天我们来欣赏一位有名的大画家的作品，他叫吴冠中，他用水墨画画了春天。我们来看看他画的春天是什么样的。

(2) 通过观察、交流感受水墨画中"线"的柔美、"点"的跳跃。

提问：线条是什么样的？像春天里的什么？什么颜色多？为什么？点是什么样的？可能会是春天的什么呢？你看了有什么感觉？

3. 幼儿尝试用毛笔和墨汁画出粗细曲直不同的线条，并添加彩色点装饰画面

(1) 讨论绘画内容及创作方法。

提问：你们想不想学画家，用点和线来画幅特别的画呢？你会画出谁在春天里留下了这些"线"？又是谁在春天里留下了这些"点"？怎么用桌上的这些材料来表现呢？

(2) 播放音乐，幼儿创作。

4. 欣赏、评价作品

提问：你用线条和点画出了什么好听的故事，来说一说吧！

活动三：樱桃红了

【活动目标】

(1) 能用两笔相对画圆的方法画圆、中锋画线的方法画出樱桃。

(2) 尝试通过曙红色两笔的深浅变化表现樱桃的圆润，并大胆添画果盘。

(3) 感受浓、淡墨变化产生的美。

【活动准备】

"樱桃"图片PPT，视频，宣纸，毛笔，墨汁，国画颜料等。

【活动过程】

1. 出示樱桃图片，引导幼儿观察樱桃的外形特征

提问：你吃过樱桃吗？樱桃是什么样子的？

2. 欣赏樱桃的水墨作品，引导幼儿探究作画方法步骤

（1）引导幼儿仔细观察画面上的樱桃，猜想一下它们是用毛笔的什么部位画出来的。

提问：这几盘樱桃一样吗？樱桃都在盘子上吗？还有哪里有樱桃？猜想一下它们是用毛笔的什么部位画出来的？

（2）播放视频，教师与幼儿一起梳理绘画步骤。

提问：画家是怎么画樱桃的？谁想来试一试？樱桃蒂是怎么画出来的？果盘怎么画？

（3）引导幼儿在认识曙红色的基础上尝试自己画一画，重点探索笔尖蘸浓色、笔肚蘸单色，两笔画圆的方法。

小结：曙红两笔来相对，弧线画成一个圆。浓墨中锋画黑蒂，红红樱桃圆又甜。

3. 幼儿听音乐作画，教师巡回指导

提示幼儿绘画时注意以下问题。

（1）涮笔时，避免水溅到外面。

（2）注意浓墨、淡墨的使用，大胆添画果盘。

（3）音乐停止，把葡萄挂到葡萄树上。

4. 幼儿分享交流，感受浓、淡墨变化产生的美

提问：谁想来介绍一下自己的作品，你觉得你的画哪些地方画得最好？你认为哪幅画画得好，为什么？

活动四：葡萄熟了

【活动目标】

（1）了解葡萄、葡萄叶及藤蔓的外形特征，学习用毛笔画葡萄的步骤方法。

（2）能较好地运用毛笔的侧锋画出叶片、葡萄，用毛笔的中锋画出藤蔓、叶脉、葡萄蒂。

（3）学会欣赏水墨画，体验画水墨画的乐趣。

【活动准备】

墨汁，花青和曙红调和的紫色颜料，毛毡，宣纸，毛笔，调色盘，涮笔筒；葡萄实物、图片，视频，背景音乐，范画等。

【活动过程】

1. 猜谜语，激发幼儿兴趣

谜面：一棵藤儿弯又弯，上面满是珍珠串，有紫有绿真好看，生的酸来熟的甜。

2. 出示葡萄图片，引导幼儿观察葡萄的外形特征

提问：整串葡萄看上去像什么形状？上面和下面的葡萄数量有什么变化？一粒粒的葡萄是什么形状的，下面的小点是什么？

小结：一串葡萄像一个三角形，上面的多，下面的少。葡萄圆圆的，下面还有一个小小的葡萄蒂。

3. 出示范画，引导幼儿探究作画方法步骤

（1）引导幼儿仔细观察画面上的葡萄、葡萄叶、藤蔓，猜想一下它们是用毛笔的什么部位画出来的。

提问：请小朋友仔细观察画中的葡萄有哪几部分？猜想一下它们是用毛笔的什么部位画出来的？

（2）播放视频，教师与幼儿一起梳理绘画步骤。

提问：淡墨是怎么来的呢？用什么颜色画葡萄，用了几笔？葡萄画完了还缺什么？

小结：淡墨侧锋画叶片，浓墨中锋画叶脉。侧锋两笔画成圆，浓墨中锋画黑蒂。还有弯弯的黑藤蔓，圆圆的葡萄香又甜。

4. 幼儿听音乐作画，教师巡回指导

提示幼儿绘画时注意以下问题。

（1）涮笔时，避免水溅到外面。

（2）注意浓墨、淡墨的使用，绘画的葡萄粒大小要均匀。

（3）音乐停止，把葡萄挂到葡萄树上。

5. 作品展示，分享交流

（1）用幼儿的作品创设"葡萄园"情境。

（2）分享交流。

提问：谁想来介绍一下自己的作品，你觉得你的画哪些地方画得最好？你认为那幅画画得好？说说自己的理由。

大班活动：平平安安

【设计意图】

春节是我国最受关注的传统节日。春节里有许多民间习俗，其中，利用许多物品的谐音或象征意义说吉利话，如甜甜蜜蜜（糖果）、高高兴兴（年糕）、红红火火（灯笼）、

平平安安（苹果、瓶罐）一直保存至今，广为流传。本次活动，我们利用春节搜集各种美丽造型的瓶子，启发幼儿进一步了解人们不同的愿望，引导幼儿将不同的瓶子组成画面，帮助幼儿将表现前后关系的经验进一步提升为绘画表现的语言，进一步体会平安的意义。

【活动目标】

（1）了解平安的意思，体会我国民间习俗用物品的谐音或象征意义表示对亲人美好祝愿的方式。

（2）将不同的瓶子组成画面，在变化画面安排中进一步把握表现前后关系的方法。

（3）进一步体会平安的意义，把平安送给自己关心的人。

【活动准备】

（1）课件，实物瓶子（8个），宣纸，小毛笔，水，炫彩棒。

（2）利用春节收集各种美丽造型的瓶子，了解春节说吉利话的习俗。

【活动过程】

1. 谈话交流，激发兴趣

（1）了解春节拜年的吉祥语。提问：过新年时，大家都要相互拜年，你知道春节拜年时会说哪些好听的祝福语吗？（红红火火、年年有余、甜甜蜜蜜等）。

（2）了解春节拜年送酒的谐音。提问：过春节时，人们都喜欢相互送瓶装的酒，因为它暗含一个大家都喜欢的祝福语，猜猜是什么？找出"平平安安"，体会平平安安是大家共同的愿望。

2. 观察酒瓶，送出祝福

（1）逐一观察酒瓶实物，提问：春节里我们也搜集了许多漂亮的瓶子，想把平安送给家人和朋友们，我们带来了什么样的瓶子呢？想把平安的祝福送给谁呢？

（2）播放课件，引导幼儿把平安送给其他为我们服务的人。

① 驾驶员叔叔的座位前挂着什么？（平安符）为什么挂平安符？

幼儿说出理由后，教师拿出一个瓶子："祝驾驶员叔叔一路平安。"

② 建筑工地上的工人叔叔戴的帽子叫什么名字？（安全帽）为什么要戴安全帽？

幼儿说出理由后，教师拿出一个瓶子："请遵守操作规范，确保平安。"

③ 我们的爸爸妈妈上班也很辛苦，他们出门之前为什么要把家里的门锁好？睡觉前还要检查煤气开关呢？

幼儿说出理由后，教师拿出两个瓶子："祝爸爸妈妈家庭平安。"

④ 在我们的城市里还有许多平安英雄，他们是谁？

幼儿说出警察叔叔后，教师拿出四个瓶子："献给平安英雄，使我们每一天过得平平安安。"

3. 操作尝试，探究方法

（1）观看课件"大人的平安图"，遮挡的构图方式。

提问：数一数，画面上有几个瓶子？它们是怎样放进一张图里的？

① 画在纸的下面的和上面。

② 有的瓶子全看得见，有的看见一半。

（2）观看课件"小朋友的平安图"，体会一张画面可以有几种不同的构图顺序。

提问：小朋友怎样才算平安？数一数，画面上有几个瓶子。它们是怎样放进一张图里的？

4. 幼儿创作，教师巡回指导

教师提出要求：我们也来做一张小朋友的平安图，把我们对平安的祝愿都画在每一个瓶子里，让所有的瓶宝宝们相亲相爱组合在一起。

（1）尝试用黑色炫彩棒勾画出瓶子的外形，再用小毛笔舔蘸水后在上面晕色。

（2）从前向后逐渐添加，边画边思考自己的祝愿。

5. 展示作品，分享交流

引导幼儿说说各自的祝愿，进一步体会平安的意义。

大班活动：舞龙

【设计意图】

龙是中华民族的象征，舞龙是许多民间喜庆中的习俗之一。本次活动，在幼儿开展舞龙游戏中，引导幼儿在报纸上用简单的线条，按自己设定的排列方法，为自己的纸龙进行装饰，从而发现装饰排列的基本规律、丰富审美表现，进一步提高参与民间游戏舞龙的兴趣。

【活动目标】

（1）初步发现线条重复排列的基本规律、体会装饰纹样的美感。

（2）乐意在报纸上尝试创造性地制作装饰纹样，为自己的纸龙进行装饰。

（3）体验线描画的乐趣。

【活动准备】

报纸，红、绿、蓝炫彩棒（各组一种颜色，每人一支），"金山农民画——双龙戏珠"PPT，教师制作欣赏纹样三张：直线、直线与横线、横线与斜线。

【活动过程】

1. 欣赏与谈论，激发幼儿兴趣

(1) 说说对自己玩舞龙游戏的体验。

提问：在元宵节这天看过舞龙吗？舞龙时是几个人一起舞一条龙的呢？

(2) 欣赏作品"金山农民画——双龙戏珠"。

提问：数数几个人在舞一条龙？（体会舞的人越多龙越长，游戏越有劲。）有几条龙？这几条龙在干什么？除了舞龙队，还有谁也参加了表演？（如敲锣打鼓，舞动红球等，所以他们玩的游戏就叫双龙戏珠。）

(3) 用观众的口吻提出不足和改进建议。

观众看了说："舞龙真是很精彩，如果两条龙穿的衣服再漂亮一点就更好了。舞龙队也对龙的衣服不满意，为什么都说它们穿的衣服不漂亮呢？"（没花纹、没色彩）

2. 观察与思考，感知纹样排列规律

(1) 欣赏教师制作的纹样（1）。

思考：张家村想了一个好主意，做了一条龙。龙的身上有什么线条，为什么只有直线也会这样漂亮，这些线条是怎样排队的？引导幼儿归纳纹样特点：三根细一根粗。

(2) 欣赏教师制作的一种纹样（2）。

思考：张家村做了一条漂亮龙的消息很快被李家村知道了，他们说我们可不能落后呀，要做一条更漂亮的龙来参加舞龙比赛。看，龙的身上除了直线又多了什么线条？这些直线和模线又是怎样排队的？引导幼儿归纳纹样特点，给这条花纹起名字。

(3) 欣赏教师制作一种纹样（3）。

思考：王家村的做龙高手说，"不着急不着急，要做一条漂亮的龙其实并不像你们想得那么难，只要用简单的线条想出排列的不同方法就可以了。看，龙的身上除直线和横线外又多了什么线条？有几根斜线？四根斜线排在什么地方？

3. 幼儿作画，教师巡回指导

(1) 教师提出要求：想不想学大人玩舞龙游戏？现在这几条龙不够长，请大家一起做龙身，把每条龙都加加长，红色代表张家村，蓝色代表李家村，绿色代表王家村，可以自由选择，组合成三个人数相等的舞龙小组。

(2) 各组分别取一种颜色的炫彩棒表示一个村的舞龙队。

(3) 每人拿一张报纸，用规定的颜色在纸上装饰排列。

(4) 引导幼儿不断观察思考排列的规律，对不符合规律的部分可以通过适当增添线条加以调整。

4. 展示排列，欣赏并游戏

（1）按颜色将报纸连接起来排列成三条龙，共同观赏。

（2）分别用自己的龙排列队伍，进行舞龙的游戏。

三、在想象中创造

亚里士多德曾说："想象力是发明、发现及一切创造性活动的源泉。"是的，想象是再创造的过程，想象让我们的生活增加了一份不平凡的色彩。但是，丰富的想象力并非"与生俱来"，而是在后天的教育过程中精心"雕琢"而成的。只有在幼儿时期悉心播下想象力的饱满之种，才能在成年之后收获创造发现的丰硕之果。[53] 我们知道，幼儿向来对美术活动向来充满浓厚的兴趣和较高的积极性，那么，如何利用美术活动，更大限度地发挥幼儿的想象、创造力呢？

1. 挖掘周边资源，让想象有更多的感知空间

丰富的感知经验是想象力产生的源泉。在教学过程中，我们充分挖掘周边美术资源，引导幼儿从开放自主的环境中，从丰富多彩的大自然中，从所实施的主题活动中，从广阔的社会生活实践中，获取丰富的知识和经验，提升幼儿的感知能力，使幼儿的想象和创造新颖、独特、充满活力。

（1）巧用环境资源激发想象力。环境是幼儿艺术想象力发展的重要影响因素，创设宽松、自主、开放美术活动环境，是对幼儿想象的支持。在教学中，我们不仅重视对陪伴在幼儿身边的民居亭台、公园楼阁、立交桥梁等本土环境资源的挖掘，也注重幼儿园物质环境的创设，如在美工区给幼儿提供自主的美术活动的空间和丰富的工具材料，允许幼儿在这里按自己的意愿自主创作，可以涂画、可以剪贴、甚至可以自由玩耍等，这种宽松自主的环境支持，开启了幼儿想象力萌芽。

除此之外，我们更注重幼儿良好心理环境的营造，即每一个环境的布置都有幼儿的参与，采用丰富有趣的活动形式，尊重幼儿的创意萌芽，加强指导评价的科学性和包容性等，让幼儿轻松、愉快的良好氛围中，感知绘画表现手法的多样性。例如，在"韵味青花"活动中，教师引导幼儿搜集青花瓷照片和青花瓷器实物布置展台，在室内角落里和室外走廊上悬挂搜集来的形态各异的各种青花瓷物品和极富中国色彩的纹样图案，为幼儿的欣赏和感知创设必要的物质条件。当幼儿积累了一定的创作素材后，教师投放塑料瓶、纸盘、纸碗、纸伞等创作材料，鼓励幼儿创作出与众不同的青花瓷作品。在幼儿创作的过程中，教师积极地做支持者、欣赏者：营造自主探索的氛围，不进行太多的干预、不过多地去询问幼儿"这是什么"、不用"对或错"的评语来判定幼儿的作品；肯定幼儿的

创意萌芽，支持幼儿的"异想天开"、鼓励他们"随心所画"、允许幼儿能够"自圆其说"。这种尊重和支持，使幼儿有了自主想象的时间和空间，点燃了创造表现的火花。

（2）巧用自然资源催发想象力。陈鹤琴曾说："大自然、大社会是我们的活教材。"观察并融入大自然，能够提升幼儿的感知能力，催发幼儿思维之翼，使幼儿的想象创造新颖、独特、充满活力。

在教学中，教师要经常带领幼儿到户外走走看看，从大自然中的万事万物中捕捉素材，增强观察感知能力，启发幼儿的艺术想象力。例如：在春暖花开的季节，我们组织了"和春姑娘一起踏青"活动，带领幼儿实地采风，置身于大自然，亲身感受春天的美景。开始时，幼儿眼花缭乱，看到的全是景物的概括印象："有好多树！""还有草地！""花也开了！"这时，教师引导幼儿选择一个固定物，进行目标性观察。比如选择观察草地，教师会用提问支持："这片草地上，你都看到了什么？有哪些你认识的颜色？""在密密的草地中你还发现了什么？它们是什么样子的？""这片花草地美吗？哪里让你觉得美？"这种有目的的观察，使幼儿开始注意景物的细微之处，感知经验越来越丰富，想象的范围不断地扩大，心中有影，脑中有像，为以后的绘画打下了坚实的基础。

大班的"叶子变变变"是幼儿在对秋天树叶进行观察探索后开展的一次美术活动。幼儿在植物园里采集树叶、观察树叶、比较树叶，在充分感知树叶外形特征、叶脉线条的基础上，回到教室里用自己喜欢的树叶作为拓印模板，围绕拓印下来的树叶纹路、形状展开丰富的想象和趣味添画，作品中有其乐融融的大象一家、威武的狮子、可爱的小金鱼、跳舞的树叶娃娃等，幼儿在观察感知和想象添画中，进一步发展了想象力和创造力。

（3）巧用生活资源触发想象力。一切想象都源于生活。生活是幼儿创造的源泉，幼儿的想象力需要依靠生活的触发。作为幼教工作者，要用童心去感受儿童所想，与家长携手通过多种途径，为孩子创造生活实践的机会，鼓励他们多听、多想、多尝试，积累生活经验，捕捉生活趣点，为想象力的发展准备充足的材料。

教师要善于利用四季轮回，丰富幼儿的生活。如：春天可以带领幼儿远足赏花；夏天可以带领幼儿去海边踏浪；秋天可以组织幼儿去果园采摘；冬天可以组织幼儿在户外滑冰玩雪……这些接洽四季的活动实践，能引导在幼儿广阔的生活中，积累鲜活的感性体验。教师可以利用春节、元宵节、中秋节、端午节等传统节日，开展丰富有趣的民俗活动，感知民间艺术品的丰富多元和家乡传统节日的独特美感，在体验的基础上进行想象和再创造。教师也可以利用主题课程，组织丰富的实践活动，如：带领幼儿走近农家小院、和民间艺人面对面等，扩大幼儿生活场域，从丰富的生活中汲取养料。教师还可以利用视觉、听觉、嗅觉、触觉等多重感官，带领幼儿在游戏时观察小朋友的各种动态、散步时了解各种植物花卉的形态及生长过程、外出参观时体验菜市场人来人往、吆喝叫卖的情景等，让广阔的大社会触发幼儿的艺术想象力，产生优质的素材进行想象创造。

2.搭建多元实践场景，让想象有更多的创造空间

实践证明，只有不断引起儿童作画兴趣，才能促进想象力的不断发展。在教学中，我们通过创设具体而生动的实践场景，构建借形想象、借事想象、借文学作品想象等多元化绘画形式，激发幼儿强烈的绘画冲动，体验置身其中的快乐情感，使他们的创新能力得到有效的发展和提高。

（1）在"借形想象"中体验再造之美。生活中的形无处不在。一个手指点出的点、一个泡泡幻灭后的痕迹、一个纸团拓印出的色块、一条随意涂鸦的线条、一个个不规则的地图，都会因为融入了幼儿无尽的想象，便成就了不一般的创造。

根据幼儿的年龄特点和兴趣，我们利用生活中常见的物品，相继开展了指印添画"毛毛虫去散步""纸团拓印想象画""彩糊想象画""泡泡乐""皮球拓印小乌龟""树叶变变变""小手的化妆舞会""名字大变身""我的符号画""地图想象画"等借形想象活动。活动中，教师通过创设启发思维的活动情境，借助视频激趣、游戏探究、创作表现、交流分享等方式，调动幼儿的多种感官，引导幼儿凭记忆积累的表象，或利用纸团、指印、彩糊、皮球、树叶、果实等拓印出的不规则的轮廓和色块，或借助有色的泡泡液吹到纸上形成的不规则图形，或使用变化的手形、名字、符号、地图，进行多方向、多角度的联想、添加、变化、装饰，将抽象的"形"落实为童趣十足、创意无限的绘画作品，创造出一个个富有情节、千姿百态的新奇形象，点燃了幼儿创意的灵光，体验再造之美。

（2）在"借事想象"中体验联想之美。联想是在头脑中由一事物想起另一事物的心理活动过程。事实上，只要教师有心，生活中的每一件事，都可以成为触动幼儿联想的引发物，从而培养幼儿联想的兴趣和习惯，让幼儿尽享联想之美。

例如，中班绘画《我的梦想》时，教师带领幼儿重温绘本故事《有那么一天》，帮助幼儿感受梅丽克的奇妙梦想，借此打开孩子想象的翅膀："每一个愿望都是因为一个无限想象的想法而引起的，梅丽克喜欢天空，就梦想踩着高跷上去；她喜欢樱桃，就梦想让所有的人头上顶着一颗樱桃；她还梦想把城市变成了热带雨林；梦想让所有的人全会飞翔；梦想让影子色彩斑斓。有梦想是一件幸福的事情，你有什么奇妙的梦想？"在绘本主人公梅丽克带领启发下，幼儿用语言表达、用画笔创作自己的梦想：有那么一天，所有人都跳到云彩上玩耍；有那么一天，我会变成各种水果树；有那么一天，天上下的雨都是好玩的玩具……此时，绘画成为了一种让思维飞翔、让心灵愉悦、让精神提升的美妙体验。

（3）在"借文学作品想象"中体验梦幻之美。古今中外，孩子们情有独钟的文学作

品，无不充满着浪漫的想象。我们充分利用故事、古诗、童话、传说等文学艺术作品对幼儿的积极影响，打开幼儿心灵的眼睛，使他们看到、听到、想到自身以外更广阔的空间，引领他们在充满梦幻之美的绘画世界里自由翱翔。

例如，我们将美术创作和古诗《春晓》相结合，以"处处闻啼鸟"为切入点，结合古诗讨论，将幼儿带入到春天美的意境中，引发幼儿联想春天"百鸟争鸣、生机勃勃"的景象。通过欣赏"百鸟图"长卷画，将幼儿带入"鸟儿满天飞"的情境，引导幼儿迁移有关鸟和折纸的经验，探索圆形折贴的多种方法，"迁移组合再造"出：展翅高飞、俯冲向下、低头喂虫、嗷嗷待哺、快乐歌唱等各种姿态的小鸟。幼儿在古诗中想象着小鸟们之间发生的有趣的事情，创造性的表现春天里"处处闻啼鸟"诗句意境，让"百鸟长卷图"变得生动又有趣。

3. 整合信息技术，让想象有更大的拓展空间

信息技术具有生动的画面形象、直观的呈现功能，深受教师和幼儿喜欢。在美术活动中，巧用信息技术，不仅能激发幼儿的学习兴趣，还能拓展幼儿的创作空间，使思维插上飞翔的翅膀。

(1) 丰富感知经验，打开想象之窗。我们可以利用信息技术收集具有地域性、特色性、艺术性的美术教学资源，帮助幼儿打破意识和认知上的局限。例如，利用互联网收集画栋雕梁的建筑、石刻砖雕、蓝印花布、青花瓷器、民族服饰、剪纸窗花、根雕木艺等，构建想象空间，为幼儿的想象提供足够的素材。我们也可以利用信息技术给幼儿提供更多的美术学习资源和学习渠道，帮助幼儿领略丰富的艺术资源，使幼儿感受建筑之美、服饰之美、地域特色之美、作品之美，提升他们的美术欣赏能力。例如，利用信息技术将音频、视频、动画结合起来制作成多媒体课件来欣赏艺术大师的经典作品，猜测画家的心境和个性，讨论画作的色彩和线条，用"我认为……""我觉得……"等积极的态度表达自己的情感，发挥自己的想象。利用电子白板以人机互动的方式来观看扎染、国画、雕刻等教学视频，体验艺术的创作过程，丰富幼儿头脑中的记忆表象，为幼儿进行充分的想象提供条件。

(2) 重现具体情境，架起想象之桥。深刻的生活体验，可以让幼儿的绘画更加生动传神。在教学中，我们利用信息技术手段重现幼儿实际生活中的案例或事件中的实景，把生活中的人、事、景、物变成信息世界里可以看到、听到、闻到、触到的事物，为幼儿创设了一个尽可能真实的情境，在记忆和思维之间架起想象之桥。例如，在组织小班绘画活动《回家的路上》时，我们利用多媒体课件通过照片回放的形式再现幼儿回家路上经过的公园、路过的游乐场、发现的大树和门口的标志性建筑等，幼儿的记忆被瞬间唤醒，积极地绘画发生在回家路上的事情，透过作品，我们能感觉到隐藏在孩子内心深

处的快乐和愉悦。

信息技术能使抽象变为具体，使不可见变为可见，能帮助幼儿把稍纵即逝的表象，变成清晰生动的图像，引导幼儿从简单的自由联想向创造想象发展。例如在"小手的化装舞会"活动中，教师通过播放手影视频，引导幼儿感受手形的变化，激发幼儿对手形变化的兴趣。幼儿在这个具有启发思维的活动情境中，大胆利用手掌、手指的形态，创造性变化出小兔子、孔雀、老鹰等手型。这时，教师巧妙地利用多媒体课件，播放斑马、长颈鹿、豹子等手形彩绘图片，把幼儿思维中模糊的表象变成具体可视的图像，使幼儿了解到：通过夸张、变化、添加、装饰等方法来借形想象，同一种手型可以表现出不同的动物、不同的手型可以表现同一种动物，进一步启发了幼儿的创造性思维。

（3）展示绘画作品，绽放想象之花。艺术欣赏的过程实际上是欣赏者积极主动创造的过程。在教学中，我们利用信息技术搭建美术交流平台，捕捉代表性的作品，构建优秀作品欣赏平台，让幼儿在互动交流中，绽放想象之花。

我们会运用相机或录像方式，捕捉幼儿与众不同的绘画作品、有突出进步的绘画作品、需要改进的绘画作品、可以在区域活动中继续延伸的绘画作品，在美术活动结束前将其上传到作品展示平台进行展示欣赏。展示欣赏的过程也是实现幼儿互相评价、互相交流的过程。通过交流和评价，引导幼儿进行讨论和鉴赏，并鼓励优秀他们分享自己的创作经验。评价是幼儿发展想象创造力的催化剂。幼儿可以从他人作品的构图、表现方式、颜色等方面进行学习，在"说画"中感受快乐，在"展画"中体验成功，在"评画"中增强信心。

总之，幼儿独特的笔触里蕴含着丰富的想象，教师理解和支持能给孩子一个想象的支点、一个放飞思维的空间，愿每一位教师都能帮助幼儿推开想象之窗，让童心搭乘着想象的双翼，尽情翱翔！

（一）借形想象——体验再造之美

所谓借形想象，是指为孩子的无尽想象提供一个支点，使幼儿借一定的"形"实现想象再创造。在活动中，我们发现：幼儿常常能由一条随意涂抹的线条、一个不规则的形状而想象出无数的事物。他们会由一个圆形，联想到红红的太阳、爷爷的眼镜、圆圆的西瓜、甜甜的饼干，会由一条曲线，联想到飘逸的云、连绵起伏的山、蜿蜒曲折的河流，会由红色，联想到火把、红灯笼、窗花、夏天，会由绿色联想到大树、森林、草原、春天……因为融入了孩子无尽的遐想，随处可见的形被赋予灵动的生命力，成就了想象的艺术，点燃了幼儿创意想象的灵光。

1. 点的组合应用

把一个手指拓印在纸上，经过添画，在孩子们眼中就变成了毛毛虫，变成了长颈鹿，变成了蝴蝶和小鸟。用废旧纸团印画留下的不规则的形状或色块，就成了美丽的玫瑰花……

2. 线的交错想象

密集交错的车轮滚画，笔直纤细，成了能捕捉很多蚊虫的蜘蛛网。一段弯曲的线条，经过想象加工，跳出了海浪的舞蹈……

3. 面的添加创造

青岛的地图，经过借形想象，变成了可爱的小动物。把平时用于玩耍的皮球拓印出的一个圆形，经过不同的组合方式，就成了水里游动的可爱的小乌龟……

点、线、面的互相组合与转换，给与幼儿不同的感受和想象空间，这是个性化作品形成的基础，也是想象最为美丽的开端。

小班活动：毛毛虫去散步

【设计意图】

小班幼儿多有手指点画的经历，本次活动，通过创设"毛毛虫散步"的故事情节，使幼儿在游戏式的活动情境中，在充分感知、讨论、尝试操作的基础上学习用指印添画的方法表现各种小动物，充分体验表现和创造的快乐与满足。并在活动中实现美术、语言、健康的自然渗透和有机整合。

【活动目标】

(1) 了解指印添画的方法，学习用指印变成毛毛虫、长颈鹿等各种可爱的小动物。

(2) 展开想象，能添画简单的线条来表现各种小动物的特征，并描述画面内容。

(3) 对指印添画感兴趣，体验毛毛虫和好朋友一起散步的快乐。

【活动准备】

各色颜料，调色盘，水彩笔，湿巾，幼儿作业纸，故事《毛毛虫散步》课件，展示板，背景音乐等。

【活动过程】

1. 创设"毛毛虫散步"的情境，激发幼儿活动的兴趣

结合课件讲述故事《毛毛虫去散步》，创设富有童趣的情境，幼儿在倾听故事、观看课件的过程中初步感知指印画的特点，萌发活动的兴趣和欲望。

2. 通过交流讨论和示范演示，引导幼儿学习指印添画的方法

(1) 在观察、讨论的基础上探索毛毛虫的印画方法。

① 师幼交流，讨论把毛毛虫请出来的方法，激发幼儿学习的兴趣。

提问：毛毛虫是用什么方法画出来的？它的头和身体有什么不同？身体是怎样印出

来的？腿和触角是怎样画出来的？请幼儿进行演示。

② 结合幼儿的回答与演示，教师以游戏性的语言讲解示范毛毛虫的印法及添画方法。

(2) 引导幼儿探索长颈鹿的印画方法。

① 讨论交流长颈鹿的印法，并请个别幼儿进行尝试操作。

提问：你知道长颈鹿是怎么印出来的？他的头和身体一样大吗？

② 教师结合幼儿回答、演示进行添画。

3. 幼儿印画各种小动物，教师针对不同层次的幼儿进行指导

(1) 教师及时提醒幼儿耐心印出毛毛虫和他的好朋友。

(2) 播放音乐，幼儿操作，教师巡回指导，引导幼儿通过添画表现小动物的特征，鼓励能力弱的幼儿大胆尝试。

4. 师幼欣赏、评析幼儿作品，共同分享指印添画的乐趣

鼓励幼儿大胆讲述画面内容，围绕"毛毛虫散步的时候都遇到了哪些好朋友？毛毛虫这么多的好朋友，你最喜欢谁？猜一猜，说一说它在干什么？"进行欣赏和评价。

小班活动：可爱的小乌龟

【设计意图】

对幼儿来说，大自然及日常生活中的任何物品都可以用来激发幼儿的无尽遐想。本次活动，我们利用废旧玩具——小皮球，通过皮球拓印的形状，大胆想象添画小乌龟，体验拓印活动的乐趣。

【活动目标】

(1) 喜欢用皮球进行拓印，体验拓印活动的乐趣。

(2) 能根据皮球拓印的形状大胆想象，并能用简单的线条添画小乌龟的头、四肢、尾巴等。

(3) 通过尝试操作，学习皮球拓印、添画小乌龟的方法。

【活动准备】

皮球若干，水粉，水彩笔，调色盘，纸巾，幼儿作业纸等。

【活动过程】

1. 创设"皮球宝宝印脚印"情境，激发幼儿兴趣

导语：你们喜欢玩皮球吗？今天皮球宝宝要和我们一起玩印脚印游戏。

2. 幼儿讨论、尝试操作，掌握皮球拓印的方法

(1) 讨论：怎样印皮球脚印呢？用什么办法？谁来试一试（幼儿操作）

(2) 交流：他是怎么印的？怎样印脚印会大？（幼儿演示）

根据幼儿尝试情况相互交流，寻找成功或失败的原因，从而初步了解拓印方法。

（3）教师边示范边讲解皮球拓印的方法。

左手按纸，右手拿球，蘸颜料，印下去，不要动，拿起来，皮球送回去。

3.观察想象，尝试方法

（1）引导幼儿观察拓印的图案自由想象，学习添画小乌龟的方法提问：皮球脚印是什么样子的？像什么？猜一猜藏在皮球脚印后面的是什么小动物？

（2）教师示范添画小乌龟，引导幼儿观察小乌龟游动方向的不同。提问：皮球脚印后面还可能藏着什么小动物？

4.幼儿创作，教师巡回指导

提醒幼儿保持作品干净整洁。及时鼓励、肯定幼儿的创作，添画出不同游动方向的小乌龟。

5.欣赏、评价，体验创作的快乐

提问：你的皮球宝宝印了几个小脚印？哪个小脚印最清楚？小乌龟在干什么？你喜欢哪只小乌龟？

中班活动：纸团拓印想象画

【设计意图】

日常生活中我们发现，幼儿常常能由一个简单的形状想象出无数的象形物。因此，本活动通过纸团拓印出的不规则的形状或色块，引导幼儿通过观察进行多方面、多角度的借形想象，并将想象与绘画结合起来，通过想象、添加、变化，创造出丰富多彩、童趣十足的绘画作品。

【活动目标】

（1）能根据纸团拓印出的色块、纹样进行多角度的创意想象。

（2）运用纸团大胆随意地拓印，并进行添画。

（3）体验借形想象创作的乐趣。

【活动准备】

颜料3组（每组2种颜色），纸团，水粉画纸，黑色炫彩棒，抹布，PPT，半成品图1张，视频展示台，背景音乐。

【活动过程】

1.情境导入，利用视频展示台演示拓印过程，激发兴趣

导语：有一个调皮的小纸团偷偷跑出来玩，一不小心踩到了颜料，它这里走走，那里走走，留下了很多的"小脚印"，你们看这一片"脚印"像什么呢？

2. 欣赏拓印想象图，引导幼儿观察、想象、讨论，发现拓印想象画的情趣

提问：有位画家把这些"脚印"变成了一幅漂亮的图画，看看这幅画里藏着谁？(转动画纸)瞧，这幅图很调皮，翻了个跟头，再看看还有谁藏在里面？

小结：这幅图里藏着这么多的东西，真有趣！

3. 演示添画，拓展思维

(1) 出示半成品图，引导幼儿根据纸团拓印出的色块、纹样进行多角度的创意想象。

提问：小纸团又走出了一大片的"脚印"，请小朋友看一看，找一找，在这片"脚印"里你能发现什么？都藏了谁？换个方向又能发现什么？

小结：同一张画纸变换不同的方向，里面的图形就可以想象成更多奇妙的物体。

(2) 师生共同尝试添画的方法。

① 提问：谁愿意上来把你刚才发现的物体用笔简单地勾画出来呢？

② 请3~4名幼儿进行添画演示，教师用语言归纳、总结幼儿的操作步骤。

(3) 总结作画方法：现在我们都知道这幅画的秘诀了。我们要先让小纸团在纸上到处走一走，然后看一看、想一想它走出来的"脚印"像什么。之后，再转动画纸看一看、想一想，它又像什么。最后，用笔简单地添画几笔，让它变得更像。

4. 幼儿创作，教师巡回指导

鼓励幼儿运用纸团大胆随意地拓印引导幼儿根据拓印出的色块、纹样进行多角度的创意想象，并进行简单添画。

5. 作品展示，欣赏与评价

交流：你最喜欢哪幅画？你看到这幅画上有什么？引导幼儿欣赏想象合理、添画独特新颖的作品。

中班活动：地图借形想象画

【设计意图】

中班幼儿有一定的生活经验和绘画基础，但思维还没有形成定势，受外界的影响的束缚较少，往往会出现许多奇思妙想。本次活动，借助青岛地图不规则的外形，引导幼儿从多角度进行观察、想象，添加不同的形状和图案，将地图变成有趣的形象、独具特色的作品，在体验借形想象带来的快乐的同时，简单认识青岛地图的外形特点，产生爱家乡的情感。

【活动目标】

(1) 借助青岛地图的轮廓大胆想象、添画，变出多种新形象。

(2) 多角度观察地图，运用添画的技能在地图上创造性地作画。

（3）体验创意作画的乐趣，产生爱家乡的情感。

【活动准备】

青岛地图 1 张，展示板，水彩笔，画纸等。

【活动过程】

1. 出示青岛地图，激发幼儿参与活动的兴趣

提问：这是哪个城市的地图？你能找到你所在的区吗？你还去过哪个区？

2. 引导幼儿多角度观察地图，大胆想象，创意造型

（1）请幼儿自选地图进行观察，大胆想象。

提问：地图像什么？还可以从哪个方向看？可以怎样变？

（2）引导幼儿从不同方向、角度观察地图，借形想象不同的造型；鼓励幼儿和同伴交流自己的创意，教师参与交流。

（3）引导幼儿交流借形想象画的创意，总结创作方法。

小结：多角度仔细观察地图，先看像什么，再运用添画的方法创造新形象。

3. 幼儿创作青岛地图借形想象画，教师巡回指导

（1）提出创作要求：多角度观察地图，独立创作，作品要有创意。

（2）启发幼儿借助地图进行创作。教师重点指导：变换地图的方向观察，借助地图的形状大胆想象，运用添画的方法创作出各种新颖的造型。鼓励个别能力弱的幼儿大胆想象，体验独立创作的快乐。

4. 作品展示，欣赏评析

布置"青岛地图借形想象画"作品展，鼓励幼儿向同伴介绍自己的作品。

中班：牵着线条去散步

【设计意图】

幼儿对于线条可以说十分熟悉，他们接触的众多绘画形式都会使用各种的线条来表征、装饰。本次活动，给幼儿创设了自由想象表达的空间，让幼儿借助线条交叉形成的密闭空间进行创意。

【活动目标】

（1）随意勾画出多种形式的线条。

（2）能根据线的交叉块面进行想象添加，体验作画的乐趣。

【活动准备】记号笔，铅画纸，油画棒等。

【活动过程】

1. 创设情境，引发兴趣

导语："今天小画笔要出去散步，我们看看它要到哪里去玩。"

2. 情境中示范，渗透技法，引发想象

(1) 以"外出散步"为题，渗透技法。

导语："小画笔爬上高山 (勾画弧线)；小画笔来到城市广场兜了一圈 (画出直线)；小画笔一蹦一跳地走过草地 (画出锯齿线)；小画笔来到大海边 (画到纸的边缘)；小画笔又要出发了! (引导幼儿在纸上多画几组线条)"

(2) 以"找出朋友"为题，示范想象的方法。

导语："小画笔累了，坐在大海边休息，听到一个声音在喊它，原来是它的朋友来了。好朋友在哪里呢? 快帮小画笔找一找。找到什么了?" (根据某一动物的典型特征，在线条构成的现有图形上进行想象添画，如画出鱼尾巴，画出动物的耳朵等)

教师示范添画眼睛及其身上的斑纹，并讲解："我找到了小画笔的好朋友大公鸡，我先给它画眼睛，这样小画笔一眼就认出它的好朋友了，再来画它身上的斑纹。"

3. 幼儿作画，教师指导

(1) 鼓励幼儿大胆作画："你的小画笔还想到哪里去散步? 它的好朋友藏在哪里了? 让小画笔把好朋友打扮起来吧!"

(2) 引导、点拨作画方法："找到好朋友，赶紧把它的眼睛画出来，然后给它穿上漂亮的衣服。"

4. 欣赏讲评，提升经验

引导幼儿讲解自己的画面故事，教师提升总结："小画笔外出散步，发生了什么事? 小画笔是怎么和好朋友做游戏的? 快来讲一讲吧!"

大班活动：泡泡乐

【设计意图】

吹泡泡是孩子们非常喜欢的一种游戏，大班幼儿已有了一定的迁移经验，他们喜欢将已有的生活经验运用到平时的美术创作中，泡泡借形想象画的由来就是这样。活动中，孩子们将有色的泡泡液吹到纸上，根据泡泡在纸上形成的不规则图形做多方向、多角度的联想，发展幼儿的想象与绘画再现的能力。

【活动目标】

(1) 学习泡泡印画的创作过程，知道什么是泡泡借形想象画。

(2) 掌握泡泡印画的方法，能在泡泡留下的痕迹上进行大胆添画并能讲述自己的想象。

(3) 感受泡泡印画的神奇和艺术美，体验泡泡印画借形想象的乐趣。

【活动准备】

各种颜色的泡泡液，每人 1 根吸管、1 套吹泡泡工具，彩笔，画纸，课件，背景音乐。

【活动过程】

1. 创设"泡泡乐园"情景，引导幼儿观察泡泡的特征，激发幼儿探索泡泡的兴趣

(1) 玩"接泡泡"游戏，观察泡泡的颜色，知道泡泡本身是透明无色的。

提问：泡泡是什么颜色的？泡泡留下的痕迹是什么颜色的？

小结：泡泡在光线的照射下是五颜六色的，但泡泡本身是无色的，留下的痕迹也是无色的。

(2) 讨论并探索如何将泡泡的痕迹变成有色的，感受有色泡泡的艺术美。

提问：如何将泡泡的痕迹变成有色的？（将泡泡液中加入颜料）

2. 交流讨论，探索泡泡印画的方法

(1) 组织讨论：泡泡很快就会破掉，怎样才能留住泡泡的痕迹？

(2) 请个别幼儿示范两种不同泡泡印画的方法。

小结：第一种方法用吸管将有色的泡泡吹到纸上，留下单个或多个泡泡痕迹；将吸管直接插入泡泡液中吹出许多密集的泡泡，用纸扣到泡泡上，将密集的泡泡印到纸上。

3. 观察泡泡痕迹的变化，进行借形想象添画，知道什么是泡泡借形想象画

(1) 根据泡泡印迹的大小、颜色、位置及组合成的形状，想象它们像什么？

提问：请小朋友仔细观察刚刚这两位小朋友在纸上留下的泡泡痕迹是什么形状的？想象一下它们像什么？

可变换纸张方向引导幼儿观察，不同方向的泡泡印迹可以想象不同的物体。

(2) 请个别幼儿示范借形想象添画：根据自己的想法在泡泡痕迹上进行添画。

小结：泡泡借形想象画就是将泡泡留在纸上的印迹通过大胆想象并进行添画而形成的画作。

4. 播放背景音乐，幼儿尝试泡泡借形想象画创作，教师巡回指导

(1) 提出创作要求：第一步，选择自己喜欢的方法将泡泡印到纸上；第二步，根据泡泡印迹想象一下它像什么，可以转动不同的方向观察想象，并进行添画。

(2) 作画注意的问题：

① 吹泡泡的时候要注意卫生，不能把泡泡液吸到嘴巴里、撒到桌子上。

② 如果泡泡的痕迹没干添画的时候不要太用力将纸划破。

5. 创设情景"泡泡画展"，展示、交流、分享作品

（1）作品展示：相互观察交流泡泡都变成了什么？

（2）讲述作品。

① 谁来说一说你创作了一幅什么作品？将自己的绘画作品编成一个小故事，大胆讲给同伴听。

② 你喜欢哪幅作品？你在他的作品中看到了什么？

小结：教师根据幼儿的评价及时表扬、鼓励，肯定幼儿的作品，提升幼儿作画新经验。

（3）播放国内外借形想象艺术家的作品，引导幼儿欣赏，感受借形想象画的艺术魅力，提升幼儿对借形想象作品的欣赏水平，拓展幼儿的经验。

大班活动：叶子变变变

【设计意图】

秋天到了，周围环境悄悄地发生着变化，这为孩子提供了观察探索的机会和平台。我们结合季节特征，选择有一定纹路的树叶作为拓印模板，引导幼儿尝试使用油画棒将树叶纹路印画下来，用组合拓印的方法创作各种各样的树叶画，丰富幼儿美术创作手法。

【活动目标】

（1）了解树叶的外形、颜色、叶脉等特点，学习树叶拓印的方法。

（2）乐于表述自己的想象，能尝试用组合拓印的方法创作。

（3）感受拓印画的特殊效果美，体验不同绘画形式带来的乐趣。

【活动准备】

树叶想象画的课件，油画棒，剪刀，拓印工具盒，不同形状的树叶若干，水果网等。

【活动过程】

1. 利用歌曲《小树叶》导入活动，观察树叶的外形、颜色、叶脉等特点并分享交流

提问：你的树叶是什么形状的？上面都有什么？

2. 通过交流讨论和示范演示，探索树叶拓印添画的方法

（1）观察、感受"神奇的拓印"：将叶子放在纸张下，用油画棒拓印叶子纹路。

提问：叶子的纹路是怎么拓印出来的？谁想来试一试？请个别幼儿演示单层拓印。

（2）教师示范多片叶子重叠、组合拓印的方法。

① 选择多片树叶固定在拓印板上，将纸张放在树叶拓印板上，用夹子固定住。

② 用油画棒在纸张上平涂，使树叶的图案印画到纸张上。

（3）观察拓印的图案，请幼儿进行添画。

树叶像什么？可以变成什么？谁来试一试？

（4）欣赏其他树叶想象画。说一说：你喜欢哪幅树叶想象画作品？你想把你的小树叶变成什么？

3. 幼儿自主创作，教师巡回指导

（1）幼儿自由选择一片叶子进行单层拓印或者多片叶子重叠、组合拓印再进行添画。

（2）使用油画棒拓印时注意固定住叶子的位置。

（3）注意颜色搭配并保持画面整洁干净。

4. 分享交流，提升经验

介绍自己的想象画作品，说说用叶子变成了什么。

大班活动：小手的化装舞会

【设计意图】

大班幼儿对于手的认知已经比较完整，对手形的变化也深感好奇，经常会在游戏时运用到简单的手形。但是，他们关注的仅仅是手的外在形态，缺乏在此基础上展开想象、进行创作的意识。本次活动，通过视频激趣、游戏探究、创作表现等方式，引导幼儿观察小手的变化，以夸张、变化、添加、装饰等方法来借形想象，创造性地表现有情节的、千姿百态的、富有情感色彩的手形动物形象，提高幼儿的艺术想象力和创造能力。

【活动目标】

（1）能够用手变化出不同的造型，并进行观察、联想，想象出不同的形象。

（2）根据手的形状特点，自主利用线条、色彩添画创作出各种有趣的形象。

（3）充分发挥想象力和创造力，感受在手上绘画的乐趣和成就感。

【活动准备】

课件，排笔，水粉颜料，抹布，绘画工作服，眼睛贴纸若干，森林挂图。

【活动过程】

1. 播放手影视频，引导幼儿感受手形的变化，激发幼儿对手形变化的兴趣

提问：今天的天气可真好，小动物们要来参加化妆舞会了！看一看有哪些小动物？这些小动物是怎么变出来的？

2. 利用手掌、手指的形态，引导幼儿自由探索手形动物的多种变法

提问：原来这些小动物都是用手变出来的，你的小手会变什么？你是怎样变的？

3. 欣赏手形彩绘图片，了解手形彩绘这种作画方法的艺术形式

导语：我们的小手变出手形后，再添画上漂亮的颜色、花纹、眼睛，这就是漂亮的手形彩绘。今天老师也给小朋友带来了许多手形彩绘图片，我们一起来欣赏一下吧！

（1）观察图片一：了解同一种手型可以想象、绘画出不同的动物。

（2）观察图片二：了解不同的手型可以表现同一种动物。

（3）观察图片三：了解不同的手型可以绘画不同的动物。

小结：手形彩绘是一种利用手掌、手指的变化，变出不同的动物形象，然后进行着色，形成的一种独特的艺术表现形式。

4. 创设"动物化装舞会"的情境，帮助幼儿掌握手形彩绘的步骤及方法

（1）引导幼儿尝试探索手形彩绘的作画方法。

提问：化装舞会马上就要开始了！你们想去参加化妆舞会吗？你想化妆成什么小动物来参加化妆舞会呢？

（2）教师示范，梳理手形彩绘的基本作画步骤。

小手摆好造型不要动，选择合适的颜料，大排笔涂底色，小排笔画花纹。涂颜色的时候一定要涂得又浓又匀，这样画出来的效果会更好。最后，再装饰打扮一下。

5. 幼儿作画，教师巡回指导

提出绘画要求：能够用手变化出不同的造型，根据手的形状特点，自主利用线条、色彩添画创作出各种有趣的形象。

6. 欣赏评析手形彩绘作品

（1）幼儿作品展示，自评、互评、师评相结合，教师引导幼儿重点从特征、颜色、创意、花纹几方面进行评价。

（2）动物化装舞会开始了，幼儿在舞台上随音乐大胆展示自己独特的手形彩绘，体验创作成功的快乐。

（3）出示两只手变化的手形及添画的造型，激发幼儿进一步作画的兴趣。提问：两只手可以变出更多的造型，小朋友想不想继续挑战一下？小朋友可以在区域活动的时候互相合作，继续尝试。

（二）借事想象——体验联想之美

爱因斯坦曾说，"想象力比知识更重要，因为知识是有限的，而想象力概括着世界上的一切，推动着社会进步，并且是知识进化的源泉。严格地说，想象力是科学研究的实在因素。"这一论述表明了想象力的重要性。而联想属于想象的范畴，但又不同于想象。联想是创造性才能的构成要素之一，幼儿有了较强的联想能力，就能顺利地把新学知识纳入已有的知识结构，建立新旧知识之间的联系，辨别它们的本质区别。幼儿有丰富的想象力和创造力，画面上的每一种颜色、每一个图形都会传达幼儿的思想和情感，每一个线条、每一个故事都会让幼儿联想到许多想过的事物。在活动中，我们可以通过以下方式引导幼儿展开联想。

1. 借助游戏情境展开联想

情景游戏是一种能够使幼儿将内心世界自然而然地转化为外部表现的活动。在想象画"飘向天空"活动中，教师创设了搭乘"空中旅行团"航班的假想情境，引导幼儿在假想游戏中充分表达自己的奇思妙想，感受写实与想象的关系，大胆表现自己内心的童话般的天空，变抽象的联想为生动的形象。在大班活动"青霉素和感冒病菌"中，教师借"发烧、头疼、打针、吃药"等幼儿真实经历引起共鸣、展开讨论，唤起幼儿对感冒的已有经验。通过创设"青霉素大战感冒病菌"的情境，引导幼儿海阔天空地想象病菌和青霉素的样子，用不同的色彩将常见的感冒病菌和感冒药赋予正义和邪恶的生命形象，将成人无法描述的事物，表现的栩栩如生，鲜活生动，充分地体验想象创作的快乐。

2. 借助"关键词"展开联想

在联想活动中，教师可以让幼儿根据事物的某一特征展开联想，以自己独特的视角把物体的整体形象或者某一部分加以大肆的夸张，并创造出与之类似特征的不同事物。例如，中班绘画活动"鞋子的联想"，引导幼儿在把握鞋子基本特征的基础上往"奇特"上进行想象。一时间，鞋子变成了漂亮的爱心飞船，飞驰的汽车、灵巧的潜水艇、庞大的鞋子屋……生活中普通的事物在幼儿笔下变得夺目异常。

3. 借助绘本展开联想

优秀的绘本是宝藏。它有来自生活的爱与智慧，也有温暖深厚的文化启蒙，更有令人忍俊不禁的无限想象。绘本对培养幼儿的观察、想象、创造，有着难以估量的潜移默化的影响。在教学中，我们借助绘本提高幼儿的美术创作思维，让幼儿的想象在栩栩如生的画面中、在精彩纷呈的故事里畅游。

例如，绘本《米莉的帽子变变变》中，孩子们被米莉帽子不可思议的变化所吸引，被绘本中售卖帽子的店员所说的话深深打动："它可以变成你想象的各种尺寸、形状或颜色，你唯一要做的事情就是运用你的想象力。"于是，我们进行了以《米莉的帽子变变变》为载体的创意美术活动，开始了一段有趣的奇思妙想之旅。活动开始，通过回忆绘本内容，激发幼儿对设计奇特帽子的兴趣。接着，通过问题引入："米莉有了一顶神奇的帽子，她的各种梦想都成真了。如果你是米莉，你想让这顶神奇的帽子变出什么？"打开幼儿想象空间。在幼儿放飞联想的过程中，教师通过动画视频演绎的不同场景，引导幼儿想得深入、想得不同。"遇到危险时帽子有什么本领？""外出旅行，这顶帽子有什么与众不同的功能？"通过关键问题的设置，引发幼儿产生丰富的联想，帮助幼儿实现从"经验—再现—再造—转化—创造"的过程蜕变，让幼儿的奇思妙想跃然纸上。

中班活动：小兔的连衣裙

【设计意图】

《我的连衣裙》是一本富于想象、充满童趣和视觉美感的绘本，讲述了小兔子在不同的情镜中会换上有着相应图案的连衣裙的有趣故事。本次活动，通过欣赏绘本，引导幼儿迁移生活经验，设想接下来小兔子可能会去的场景，大胆想象与表现，体验为小兔子设计出连衣裙图案的快乐。

【活动目标】

(1) 欣赏绘本《我的连衣裙》，发现绘本画面图案重复运用所带来的美。

(2) 乐意联系自己的生活经验，用绘画的方式为小兔子设计一种或几种图案重复的花布。

(3) 大胆想象与表现，体验为小兔子设计出连衣裙图案的快乐。

【活动准备】

绘本《我的连衣裙》PPT，背景音乐《夜的钢琴曲》，水彩笔，勾线笔，油画棒，铅画纸，双面胶，画好的小兔子模板。

【活动过程】

1. 出示白布，引导幼儿回忆绘本中小兔连衣裙的图案特点和装饰特点

提问：小兔子用这块白布做了一件什么衣服？这是一件什么样的裙子？

2. 欣赏绘本，了解小兔连衣裙上图案重复变化的特点

(1) 播放绘本PPT，随故事情节发展引导幼儿观察小兔子裙子的变化。提问：故事中小兔子都去了哪些地方？连衣裙上图案又变成了什么样子？

(2) 播放PPT，将绘本中不同的连衣裙展示在一起。提问：你喜欢哪一件连衣裙，为什么？

小结：小兔子的连衣裙有的是一种图案重复出现，有的是几种图案重复出现，这些图案的重复出现让连衣裙变得很美。

(3) 拓展经验，引导幼儿想象不同的环境中的花纹。提问：你最想让小兔子走到哪里？想让她的连衣裙上变出什么图案呢？

(4) 继续播放PPT，演示一些花布图案，进一步拓展幼儿的思路。

3. 幼儿自由创作，教师巡回指导

(1) 提出绘画要求：请你为小兔子设计一块花布，花布上的纹样可以是一种图案的重复，也可以种图案的重复。画完后可以让来上的小兔子试穿一下。

(2) 鼓励幼儿联系自己的生活经验，大胆想象与表现。

4. 作品欣赏，评价提升

(1) 交流：你的小兔子到了哪里、连衣裙上变出了什么美丽的图案？引导幼儿观察发现作品中有独特表现的地方。

(2) 将模板投放在美工区，鼓励幼儿在区域活动时间继续为小兔子设计好看的连衣裙。

中班活动：有那么一天

【设计意图】

孩子的脑海中总是不乏一些奇思怪想。在他们看来，没有什么是不敢想的，没有什么是不可能的。故事《有那么一天》讲述了小女孩梅丽克总是盼望着：有那么一天，每个人都踩着高跷走路；有那么一天，人人头上顶着一颗红樱桃；有那么一天，城市变成了热带雨林……如果真的有那么一天，世界会变成什么样呢？本活动借由绘本故事的情境引导，让幼儿的奇思妙想跃然纸上。

【活动目标】

(1) 理解绘本故事，尝试创造性表达自己的"那么一天"。

(2) 能够大胆地表述自己的想法，体验绘画创作带来的乐趣。

【活动准备】

圆形牛皮纸，记号笔，油画棒，幼儿绘画用的圆形的素描纸，绘本《有那么一天》。

【活动过程】

1. 带领幼儿重温绘本故事《有那么一天》，帮助幼儿再次感受梅丽克的奇妙梦想

提问：这个小姑娘是谁？梅丽克都有哪些梦想？你最喜欢梅丽克哪个梦想？为什么？

小结：梅丽克的梦想真是奇妙！她喜欢天空，就想踩着高跷上去；她喜欢樱桃，就想让所有的人都爱上樱桃……梅丽克脑海里的这些梦想，让我们觉得开心、快乐、温暖。

2. 说说自己的梦想，进行想象

提问：你有什么梦想能让自己的一天变得更精彩、更美好？

小结：听了你们的梦想，老师觉得有梦想真是一件幸福的事。

3. 画画自己的梦想，给幼儿充足的时间创作和表达

导语：小朋友的梦想真美，想不想把它画下来？

4. 展示欣赏作品，大胆表达自己的梦想

引导幼儿运用绘本中的语言——"我希望，有那么一天……"说说自己的精彩一天是什么样的。

小结：有梦想的人会很开心、很快乐。老师希望你们有那么一天，经过自己的努力

可以实现自己的梦想。

中班活动：桃树下的小白兔

【设计意图】

画桃花，是传统美术教学中常见的内容。绘本故事《桃树下的小白兔》中，小白兔把美丽的桃花瓣儿当作信使为朋友们送去祝福和快乐，这引人入胜的情境深深地吸引着孩子们。于是，教师以绘本故事为线索，创设了帮助小白兔再拥有一棵大桃树的情境，消除了传统美术中"为画而画"的弊端，赋予画桃花爱的情感，带领孩子在有趣的玩色活动中尽情地去感受、表现桃花的美丽！

【活动目标】

(1) 尝试用水粉笔点画桃花，表现桃花的不同形态，体验玩色的乐趣。

(2) 感受并表达关爱他人的情感。

【活动准备】

有关桃花的课件；棕色、粉红色、朱红等颜料，水粉笔，抹布，油画棒，长条纸，背景音乐。

【活动过程】

1. 绘本导入，激发幼儿的创作欲望

提问："小白兔把桃花瓣儿都寄给了谁？它们用桃花瓣儿做了什么？小白兔好想再拥有一棵大桃树，把更多的桃花寄给朋友们，现在我们就来帮它实现这个愿望吧！"

2. 师生合作，泼画树干

(1) 幼儿四散蹲在纸的周围，手持棕色、黑色、深绿水粉自由泼洒，大胆地表达自己的发现，并体验玩色的乐趣。

(2) 教师参与泼色，改善幼儿泼色、玩色中的不足，帮助幼儿完成整个画面的构图。

提问："这么好玩的游戏，我也来玩玩，我要把小朋友的小桃树变成一棵大桃树！"

(3) 师生合作倒色，让颜色自然流淌，引导孩子们从中感受色彩的流淌变化。

3. 欣赏、点画桃花

(1) 播放图片，引导幼儿观察桃花的结构、形状、颜色，为作画做准备。提问："怎样让空空的大树上长出美丽的桃花呢？桃花是什么样子的？"

(2) 讨论画，启发幼儿自由讨论并个别尝试。

提问："这些美丽的爱心花瓣儿，你觉得怎样画好呢？"

(3) 教师示范，引导孩子在轻松有趣的情境下掌握桃花的画法。

教师边说儿歌边演示："小画笔，穿新衣，笔尖戴红帽，笔身穿粉袍，盘边挡一挡，

143

纸上去舞蹈，1，2，3，4，5，一朵桃花开。"

4. 幼儿作画，教师指导

（1）教师引导幼儿尝试用红、粉两色水粉点画桃花，展现桃花怒放、含苞待放以及花瓣飘落的不同姿态。

（2）教师用诗一样美的语句引导幼儿尝试调整画面的疏密布局。

（3）激发幼儿想象，用黑色、黄色油画棒添画小动物。

提问："小白兔会把桃花瓣儿寄给谁呢？"

5. 作品讲评，提升经验

提问："小白兔把桃花瓣儿寄给了谁？它们都做什么了？"先让幼儿自由交流，再集体交流，最后教师进行故事小结，从而让孩子在讲评中学会欣赏、大胆表达、提升经验。

大班活动：飘向天空

【设计意图】

广阔蔚蓝的天空，对孩子们充满了神奇的魔力。空中飘来的朵朵白云，飞来的一只风筝，还有绚丽的气球……孩子们对天空有自己的幻想，天空中飘动的物体构成了孩子们的童话世界。本次活动，借助俄罗斯画家瓦西里·康定斯基的名画《蓝天》，让幼儿通过与大师作品的交流，在欣赏名作的同时尝试模仿大师的表达方式，大胆地表现自己心中的童话世界。

【活动目标】

（1）欣赏康定斯基的名画《蓝天》，感受漂浮的景物产生的线条和造型的变化。

（2）尝试用纸版拓印的方法表现天空的景物。

（3）欣赏自己和他人的作品，体验纸版拓印创作带来的快乐。

【活动准备】

康定斯基的名画《蓝天》PPT，A3大小的吹塑纸与黑色卡纸用通明胶相连，铅笔，各色水粉颜料，水粉笔，抹布。

【活动过程】

1. 回忆有关天空中的景物，初步体验"飘"的感觉

（1）创设假想情境，组织话题讨论。

提问：欢迎搭乘本次"空中旅行团"航班，我是本次航班的导游，请大家坐下米，系好安全帝。我们会在天空中看到哪些景物呢？（飞机、风筝、云、晚霞等）

（2）鼓励幼儿尝试用身体动作体会"飞"和"飘"。

提问：如果让你飘上天空，你会怎样飘呢？请你表演一下。（引导幼儿发现飘动路钱的"S"形特点）

2. 欣赏康定斯基的名画《蓝天》，感受飘浮的景物产生的线条与造型的变化

提问：俄罗斯画家康定斯基把自己看到的蓝天画了出来，我们一起来看看。画家所画的天空中都有什么？你觉得天空中的东西在干什么？（飞、飘）你怎么看出来它们在飞？（弯弯曲曲的线条）

3. 鼓励幼儿用肢体模仿弯弯曲曲的线条，表现飘的状态

提问：你能用动作表演一下这些东西是如何飘的吗？

4. 讨论绘画"飘向天空"的表现方法

（1）讨论绘画内容。

提问：如果你是画家，你想让什么飘在天空中？怎样让它们飘起来？

请幼儿示范用一些弯弯曲曲的线条表现物体飘的状态。

（2）讨论版画制作的基本顺序。

提问：请你看看桌上的这些工具，你会用吗？谁来说说怎样用？

小结：先用铅笔在吹塑纸上画出飘向天空的场景，在用给画面局部涂色压印在黑卡纸上的方法，涂一块色块印一次，在颜料没有干的时候压印，直到完成一幅有趣的作品。

5. 幼儿绘画，教师巡回指导

（1）鼓励幼儿大胆在吹塑纸上作画，尝试表现出飘动的物体，表现的物体要画得大一些，方便印色。

（2）鼓励幼儿大胆涂色，敢于探索印制方法。

（3）引导幼儿先为大块画面涂色印制，印制时敢于按压；多次着色，反复印制至完成作品。

6. 欣赏评析，提升经验

展示幼儿的作品，引导他们相互欣赏彼此的作品，并大胆讲一讲自己的作品。

大班活动：米莉的帽子变变变

【设计意图】

大班幼儿的有意想象逐渐发展起来了，他们的想象有了预定的主题，而且作画能力有了一定的提高。本次活动借助《米莉的帽子变变变》，引导幼儿展开丰富的想象设计独特适宜的帽子，体验创作想象的乐趣。

【活动目标】

（1）借助绘本为他人设计帽子，体验创作想象的乐趣。

（2）大胆讲述自己的作品，初步体验帮助别人、快乐自己的情感。

【活动准备】

彩色记号笔，皮纹纸，剪好的动植物及小朋友图片，做好封面、封底的大书，绘本PPT。

【活动过程】

1. 回忆绘本，讨论米莉的帽子

提问：故事里的米莉没有钱买帽子，是谁帮助了她？店员送给她一顶什么样的帽子？为什么说它是顶神奇的帽子？你最喜欢米莉的哪顶帽子？你喜欢这个店员吗？为什么？

2. 迁移经验，设计神奇的帽子

提问：在店员的帮助下，米莉有了一顶神奇的帽子，她的各种梦想都成真了。可是，世界上还有很多人需要帮助。如果你是店员，你想送给谁一顶神奇的帽子？这顶神奇的帽子可以变出什么？为什么？

3. 创作想象，绘画神奇的帽子

（1）引导幼儿观察绘本中的帽子，重点选取绘本中关于孔雀帽子、鸟巢帽子、蛋糕帽子的三幅画面，让他们观察画面的构图方法。

提问：孔雀帽子有什么特点？从哪里看出它很大？你也可以送给米莉一顶大到在纸上画不下的帽子。鸟巢帽子和孔雀帽子有什么不一样？

（2）幼儿画神奇的帽子，教师提出要求。

① 想好你要把帽子送给谁，可以是周围的人，也可以是动物、植物。

② 根据设想选择相应的动物或人物图片并粘贴到画纸上。

③ 把帽子的神奇之处大胆地画出来。

④ 添画不同背景，使画面丰富。

4. 展示作品，讲述帽子的神奇

（1）将幼儿的作品贴在已画好封面、封底的大书上，做成连环画。

（2）提问：你设计了一顶什么样的帽子？这项神奇的帽子会给别人什么帮助？

大班活动：青霉素和感冒病菌

【设计意图】

随着冬季的来临，流行感冒不断侵袭着幼儿。发烧、头疼、打针、吃药等是孩子们都经历过的，但是药物与病菌之间的斗争是无形的，这就给幼儿的创作提供了广阔的空间。在本次教学活动中，教师引导幼儿海阔天空地想象病菌和青霉素的样子，用不同的色彩表现正义和邪恶，让幼儿充分地体验想象创作的快乐。

【活动目标】

（1）根据自己的理解，自主想象创作感冒病毒和青霉素的形象，并能通过形象和色彩来表现正义和邪恶。

（2）迁移生活经验，大胆表现想象中的激战场面，并合理安排画面。

（3）养成良好的生活、卫生习惯，并积极锻炼身体，增强体质。

【活动准备】

（1）活动前讨论有关感冒的情况，看过各种病菌的照片或动画课件，了解有关病菌的知识。

（2）记号笔、画纸、油画棒。

【活动过程】

1. 谈话导入，唤起幼儿对感冒的已有经验

提问："你感冒过吗？感冒了有什么症状？为什么会让人这么难受？它可能会是什么样子呢？"

小结：感冒病菌是让我们难受的罪魁祸首。

2. 讨论感冒病菌的样子，大胆想象可能发生的事情

讨论：病菌会是什么样子？病菌会在身体里做什么事情令人们难受？请个别幼儿到前面上尝试作画。

小结：这些感冒病菌虽然很小很小，可是它们像怪兽一样形状怪异，在我们的身体里搞破坏，损害我们的身体健康。

3. 讨论青霉素的形象，引导幼儿思考怎样表现青霉素和感冒病菌的不同

提问：谁能打败这些感冒病菌呢？你认为青霉素可能会是什么样子？它和感冒病菌有什么不同？怎样才能一眼就知道谁是青霉素，谁是感冒病菌？青霉素和感冒病菌会怎样作战？会用到什么样的武器呢？

小结：可以在青霉素的身上画上红十字、药片、针管等，也可以通过色调、形象和五官的不同体现出来。比如，冷色给人感觉很可怕、不舒服，可以用它们来表现病菌；青霉素能解除我们的痛苦，很温馨，我们可以选择一些很明快的颜色，以暖色来表现青霉素。

4. 提出要求，大胆创作表现青霉素大战感冒病菌的场景

提问：感冒病菌和青霉素都有自己的"大王"和"士兵"，他们会怎样战斗呢？请小朋友想一想，画出来。

5. 讲评赏析，总结提升

（1）将幼儿的作品布置到展板上，请幼儿分别介绍自己的作品。

（2）提出下一次活动的要求：我们要用颜色来表现青霉素的勇敢和正义，以及感冒病菌的丑恶。

（3）小结：小朋友感冒后，虽然有青霉素可以帮助我们杀死病菌，可是生病会让我们身体不舒服，影响小朋友的健康成长，所以小朋友平时要经常锻炼身体，多喝水，讲卫生，这样就会不生病、少生病。

（三）借文学作品想象——体验梦幻之美

每个孩子都有一个充满故事的童年，孩子不仅喜欢听故事，而且还会在聆听故事时产生丰富的画面联想，因此，我们将把美术活动与童话、民间故事融为一体，进行扩展想象。例如，《老鼠嫁女》绘画中，我们节选故事中小老鼠送新娘的场景，组织幼儿讨论："老鼠们是怎么办喜事的？"引导幼儿回忆抬花轿、敲锣打鼓、吹喇叭、搬嫁妆等民间结婚的习俗。出示大红花桥，提出问题"鼠小妹幸福地坐在花轿里，但是那些帮忙的小老鼠一只也没有来，真急人！如果你是小老鼠，你会来帮助它做些什么呢？怎样才能让送新娘的场面更热闹呢？"……有趣的故事情境融入了幼儿自己独特的体验和想象，幼儿大胆创编、填画，创造性地再现了"大小老鼠来帮忙，嫁女队伍长又长"的场景，使民间故事通过想象与美术美丽邂逅、完美交融。

日常经验与童话内容在头脑中经过改造组合，会产生许多新的表现，有利于幼儿创造性思维的形成。例如《小蝌蚪找妈妈》中，教师按照故事的线索，通过提问："小蝌蚪们是在哪里遇到鸭妈妈的？它们可能会排什么队形？为什么会是这样的队形？""小蝌蚪是怎么追上大乌龟的？什么样的队形能看出小蝌蚪在追大乌龟？""小蝌蚪是怎么遇到大白鹅的？面对面的时候会是什么样子的？""小蝌蚪找到了妈妈后，会怎样和妈妈在一起？为什么？"引导幼儿围绕小蝌蚪和其他故事角色位置展开丰富想象。幼儿根据自己早操队形变化的经验，想象着小蝌蚪和所遇角色的四次位置变化：聚合、围拢、游上游下等，充满童趣的队形变化扩展了幼儿的想象空间，启发了他们的创造精神。

大班活动：春眠不觉晓——百鸟图

【设计意图】

春天，万物复苏，百花齐放，百鸟齐鸣，一派生机勃勃的景象。这些变化都给幼儿视觉、听觉、触觉等多方位的刺激，春日的美景给孩子们带来了美的体验。因此，我们将美术创作和古诗《春晓》相结合，以诗句"处处闻啼鸟"为切入点，引导幼儿以线画和圆形折纸拼贴画的形式与同伴共同合作制作出一幅百鸟长卷画，表现春天里鸟儿满天飞的热闹情景，体现"处处闻啼鸟"诗句意境，激发幼儿热爱春天、热爱大喜然的情感。

【活动目标】

（1）细致观察鸟儿飞翔时的不同动态，学习用圆形折叠拼贴和线画的方法表征出小鸟的不同姿态。

（2）能创造性地表现春天里小鸟满天飞的情景，合作完成百鸟图，表现出"处处闻啼鸟"诗句意境。

（3）感受画面中不同动态的鸟儿满天飞的景象带来的美感，体验合作创作的乐趣，产生热爱大自然的情感。

【活动准备】

（1）活动前通过探索交流丰富有关春天里小鸟的常识，观察小鸟飞行站立、喂食等不同的姿态。

（2）课件，歌曲音乐，范例，百鸟图背景图，彩纸，胶棒，水彩笔。

【活动过程】

1. 以古诗《春晓》引入，感受春天的美丽景色，观察鸟的不同姿态

（1）以集体古诗吟诵《春晓》，引入活动内容。

（2）结合古诗讨论，引发幼儿联想春天的明显特征。

提问：这首古诗描写了哪个季节？古诗里描写了哪些春天的景色？

（3）出示课件"百鸟图"激发幼儿的创作兴趣，观察分析小鸟的不同动态。

导语：一句"处处闻啼鸟"，仿佛眼前出现了许多只小鸟在动听的歌唱。看这些小鸟有的在展翅高飞，有的站在树枝上喃喃低语，一片生机勃勃的景象。

2. 出示圆形折贴的范画，引导幼儿探索拼贴小鸟的不同方法

（1）引导幼儿观察范例上的两只小鸟是用折纸拼贴的方法做成的。

观察分析小鸟的制作方法：小鸟主要有头和身体两部分组成，都是用什么形状拼成的？

小结：脑袋用小一点的圆形身休和翅膀是半圆、扇形的。

（2）鼓励幼儿自主探索用圆形折贴的方法拼摆出小鸟不同的姿态。

小结：大圆形可以折成不同形状当身体和翅膀，变换拼贴的角度，来表现小鸟不同的姿态。

3. 以"百鸟图"长卷画将幼儿带入"鸟儿满天飞"的情境，激发幼儿用折纸和绘画的形式进行表征的创作激情

（1）展开长卷画，将幼儿带入"鸟儿满天飞"的绘画情境。

引导幼儿观察小鸟的不同动态：展翅高飞的小鸟、俯冲向下飞的小鸟、低头喂食的

鸟妈妈、嗷嗷待哺的小鸟、快乐唱歌的小鸟等。

(2) 引导幼儿讨论学习用线画的方法表现不同姿态的小鸟，并想象情节进行添画。

提问：两只小鸟在干什么？是怎样画的？

4. 幼儿分组合作用圆形折贴和添画的形式，共同完成一幅生动、有趣的百鸟图

(1) 提出要求，引导幼儿与同伴合作完成作品。

作画要求：布局要合理，小鸟分散在画面上；能创造性地表现出不同姿态的小鸟，还可以想象小鸟们之间发生的有趣的事情，大胆进行添画，让画面变得生动又有趣。

(2) 引导幼儿与同伴共同合作完成一幅生动、有趣的百鸟图，教师巡回指导。

5. 展示作品、讲评小结

(1) 展示"百鸟图"，并联想"小鸟在做什么"，引导幼儿相互欣赏交流小鸟在春天里发生的趣事。

(2) 讲评有创意的作品，重点评价幼儿有创意的折贴组合方法和绘画方法，引导幼儿结合画面讲述小鸟的故事。

6. 继续丰富百鸟图的长卷画，并结合春天的主题继续开展有关小鸟的系列活动

大班活动：《悯农》

【设计意图】

古诗《悯农》描绘了在烈日当空的正午农民田里劳作的景象，表现了农民终年辛勤劳动的生活，对生活在当今社会的孩子有深刻的启示。本活动，借助幼儿对农民耕作的直观体验和对古诗的兴趣，引导幼儿大胆表现农民在烈日下弯腰耕作的形象，激发幼儿对农民劳动的敬佩之情，萌发珍惜粮食的情感。

【活动目标】

(1) 大胆表现农民收割的辛劳，表达个人对古诗《悯农》的感受。

(2) 尝试打破已有直立人物的造型习惯，初步把握低头弯腰的人物动态。

(3) 激发幼儿对农民劳动的敬佩之情，萌发珍惜粮食的情感。

【活动准备】

教学 PPT，古诗视频，画纸，彩笔等。

【活动过程】

1. 观看《悯农》的古诗视频，理解古诗内涵

提问：农民伯伯在干什么呢？农民伯伯在庄稼地里是怎么劳动的？我们一起来学一学。天气怎么样？你从哪里看出来？农民除了种大米还种些什么？

小结：当太阳最热的时候，农民伯伯还在田里锄草，他的汗一滴滴掉到土里。农

民伯伯种粮非常辛苦，我们经常吃的米饭、水果、蔬菜和粮食都是农民伯伯辛苦种出来的。

2. 欣赏农民劳作的实景照片和米勒作品《拾穗者》，理解人物低头弯腰的动态

提问：农民都在田间做什么劳动？从哪里看出他们很辛苦？

小结：农民整天在田地里，低着头弯着腰不停地劳动，不丢弃一颗粮食，多辛苦啊！

3. 出示三张相似的幼儿作品，从动作中判别正确与错误，说出原因，设法纠正

提问：这些第一次到田间的小朋友，他们干得怎么样？怎样让他们也参加劳动？

引导幼儿讨论修改方法，教师根据幼儿的描述逐一对作品进行修改，帮助二位小朋友一起参加劳动。

4. 提出绘画要求，幼儿作画

请小朋友为古诗《悯农》画插图，用勾线笔将农民劳作的情境画在白纸上，并适当涂色。

5. 欣赏作品，评价作品

大班活动：《一去二三里》

【设计意图】

《一去二三里》是一首备受幼儿喜欢的古诗，寥寥数句就把烟村、人家、亭台、鲜花等景象排列在一起，给儿童以丰富的想象空间。本活动，运用水墨画的形式，引导幼儿发现、寻找古诗中所描绘的具体景色，让孩子们一起来画出自己古诗配图，在绘画创作中不断地让孩子用来检验自己的画面，充分地去诠释古诗的内涵。

【活动目标】

(1) 尝试使用水墨的形式，完整地画出古诗中数字所描述的景物。

(2) 能合理构图，画出细节，用近大远小的方法表现景物的空间位置。

(3) 大胆作画，喜欢古诗中的优美意境。

【活动准备】

吴冠中作品PPT，宣纸，炫彩棒，墨汁，清水，毛笔等。

【活动过程】

1. 重温古诗，理解、想象古诗的意境美

提问：这首诗描述了怎样一幅图画？你觉得作者是站在什么地方看到这些景色的？房子是什么样子的？在树的什么地方？

小结：一眼望去，远处的小村庄有四五家冒着炊烟，房子的前面种着六七棵树，周

围还有盛开的鲜花。

2. 欣赏吴冠中的三幅作品,进一步感受古诗画面,了解近大远小的绘画方式

提问:这三幅画里藏着古诗,它是哪一幅呢?为什么?这些房子都一样吗?画面最上面的一幢房子怎么看起来这么小?

3. 师幼讨论表现景物的特征和所在位置的方法

(1) 教师示范最近处的大房子,引导幼儿观察后说出方法。

方法:毛笔喝喝水(蘸墨)—舔舔干别滴水-笔站直写人字(屋檐)—两条腿开步走(墙壁)—躺下来休息(侧锋画屋顶)

提问:怎样才算是望见了二三里?(了解画到画面的最上面)

(2) 用炫彩棒沾水的方法添画树和花。

提问:树是什么样子的?一枝花是不是一朵花?它们在什么位置?可以怎么画?

4. 幼儿尝试用水墨的形式为古诗配画,教师巡回指导

导语:能不能用画画的方法看到和古诗一样的美丽风景?

(1) 一去二三里——从纸的下端画第一幢房子,开始出发。

(2) 烟村四五家——从下往上地画出各种房屋。

(3) 门前六七树——任选毛笔或炫彩棒画树干,绿色炫彩棒画树枝,试着在屋前屋后画上满满的树。

(4) 八九十枝花——漫山遍野的花儿开放了,想象花的名称并选配颜色。

5. 欣赏评价作品

大班活动:老鼠嫁女

【设计意图】

老鼠嫁女是我国古老的民间传说,故事中蕴含着大量民间喜庆婚嫁的习俗,生动有趣又意义深长。本活动选择的是鲁风文、许玉安绘的绘本版本,绘本文字简洁明了,富有诗歌韵味,图画形象生动,选用对比鲜明的白色和红色,具有浓郁的中国风特色。绘本中送新娘的场景中,老鼠们形态各异,拟人化的动态富有童趣,为幼儿进行创作提供了丰富的素材。本活动选取了此场景,通过让幼儿撕贴老鼠形象、添画相关物品的方式体现老鼠嫁女的热闹场景。

【活动目标】

(1) 联系生活经验了解"老鼠嫁女"的内容,培养对民间歌谣的兴趣。

(2) 尝试运用撕贴、添画、油水分离的方式表现老鼠的不同动态,探索排列老鼠嫁女的喜庆热闹场面。

（3）体验合作创作的乐趣。

【活动准备】

绘本中的部分画面 PPT；牛皮碎纸，素描纸，KT 板，油画棒，胶棒，水粉，排笔，棉签；贴有花轿的大幅作业纸。

【活动过程】

1. 回忆绘本，唤醒生活经验

提问：小朋友们参加过婚礼吗？谁能讲一讲婚礼上的热闹事？今天老鼠也要嫁新娘，我们一起去看看这些老鼠打扮的怎么样。

2. 仔细分析婚礼场面，观察并模仿老鼠的动态

（1）观察绘本中老鼠的表情和服装，提问：小老鼠们穿的是什么颜色的衣服？它们为什么穿这样的衣服呢？衣服上的花纹是什么样子的？它们的心情怎么样？从哪里看出来的？

小结：红色代表喜庆，结婚穿红色衣服是中国的传统习俗。衣服上的"福""喜"花纹也代表着幸福、吉祥、平安。

（2）观察吹喇叭的单只小老鼠，提问：小老鼠们都要去送新娘，快看看小老鼠们都在忙什么呢？这只小老鼠在做什么？它的表情是什么样子的？谁来学一学小老鼠的动作？观察一下，它的头在身体的什么位置？

（3）观察抬箱子的小老鼠，用语言、肢体动作表述、表现老鼠动态。

提问：这几只老鼠在做什么？它们是怎样合作的？谁来学一学？

（4）观察绘本中其他帮忙小老鼠的动作姿态。提问：大小老鼠来帮忙，小老鼠们还做了什么事情？送新娘的队伍越来越长，猜一猜会有多少老鼠来帮忙？

3. 创设情境，幼儿进行创作

（1）出示贴有花轿的大幅作业纸，鼓励幼儿大胆想象。

提问：老鼠妹妹花桥已经来了，如果你是小老鼠，你会来帮忙做些什么呢？怎样才能让送新娘的场面更热闹些呢？

小结：你们刚才想到了放鞭炮、牵气球、打礼花等。我相信有你们这些"小老鼠"帮忙，鼠小妹的婚礼一定会热热闹闹的！

（2）交代要求，幼儿创作。

① 选两块碎纸将老鼠的头和身体贴好，要紧贴在一起。

② 用胶棒在纸的边缘涂抹并快速粘贴。

③ 用油画棒添画老鼠的动作并设计衣服上的图案。

④ 最后用水粉涂画老鼠身体，产生油水分离的效果。

⑤ 先画好的幼儿可以继续作画,不断添加。

4. 展示作品,分享创意

(1) 幼儿粘贴排列作品,提问:队伍排不下怎么办?哪种办法能让送新娘的老鼠最多、队伍最长?

(2) 敲锣打鼓真热闹,大小老鼠都来送新娘,嫁女的队伍长又长。一起数一数,有多少老鼠参加了送新娘的队伍?

5. 评价欣赏作品

(1) 自评:请个别幼儿大胆讲述自己创作的小老鼠在做什么,并模仿一下小老鼠的样子。

(2) 他评:你最喜欢哪只小老鼠?说说理由。

(3) 总评:教师根据小老鼠的动态特点和画面布局进行讲评。

大班活动:小蝌蚪找妈妈

【设计意图】

《小蝌蚪找妈妈》是一篇富有童趣的经典童话故事,内容生动有趣。以对话的形式呈现了青蛙生长过程中的科学知识。本次活动,我们按照故事的线索,以讨论小蝌蚪和其他故事角色的位置为重点开展,引导幼儿关注画面的均衡与变化,体验合作编画的乐趣。

【活动目标】

(1) 根据故事情节的发展,画成 6 幅连环画,表现故事中主要角色的外形特征和主要情节。

(2) 关注画面的安排,尝试变化小蝌蚪与其他故事角色之间大小和位置。

(3) 乐于共同为故事《小蝌蚪找妈妈》画插图,体验合作编画的乐趣。

【活动准备】

(1) 幼儿提前熟悉《小蝌蚪找妈妈》故事。

(2) 绿色卡纸,白色油画棒,记号笔等。

【活动过程】

1. 播放录音,回忆故事《小蝌蚪找妈妈》情节

提问:小蝌蚪刚生下来是什么样子?小蝌蚪把哪些动物当成自己的妈妈了?

2. 操作尝试,探索画面布局

(1) 出示操作板,随故事分别将鱼、白鹅、乌龟和青蛙放置在画面不同的位置,引导幼儿观察,给小蝌蚪留出的空间。

（2）引导幼儿分别尝试用磁铁蝌蚪摆放画面，并与其他故事角色进行呼应。

提问：小蝌蚪们是在哪里遇到鱼妈妈的？它们可能会排什么队形？为什么会是这样的队形？小蝌蚪是怎么追上大乌龟的？什么样的队形能看出小蝌蚪在追大乌龟？小蝌蚪是怎么遇到大白鹅的？面对面的时候会是什么样子的？小蝌蚪找到了妈妈后，会怎样和妈妈在一起？为什么？

（3）师生共同分辨摆放的位置是否平衡有变化，适当进行调整。

3. 欣赏图画书，了解连环画的含义，讨论制作连环画的方法

导语：连环画就是一张张连续的画面，构成一个完整的故事，按次序装订起来就成了一本连环画。

提问：小朋友，你们想不想做一本属于自己的《小蝌蚪找妈妈》的连环画？这么长的故事，需要画那些情节？我们可以怎么画？怎么分工？

4. 幼儿分工创作，教师巡回指导

提醒同组幼儿协商分工，分别选择一个动物；按自己的想象确定动物的位置，并和小蝌蚪相呼应；按画面需要适当添加水生植物；用线描勾画水生植物，用白色油画棒局部涂色和涂抹水纹。

5. 互相欣赏交流，分享经验

帮幼儿装订成册，展示各组自制的图画书，用自己的连环画讲故事。

参考文献

[1] 姚全兴.美育先驱——略谈丰子恺的艺术论著[J].读书,1981(8):85-88.

[2] 李季湄,冯晓霞.《3—6岁儿童学习与发展指南》解读[M].人民教育出版社,2013.

[3] 王维.探究型美术欣赏教学在幼儿园的运用[J].教师博览(科研版),2013(11):75-76.

[4] 杨璐.苏格拉底"产婆术"与孔子启发式渊源和内涵的比较及其启示[J].语文学刊,2012(18):110-112.

[5] 夸美纽斯.大教学论[M].任钟印译.人民教育出版社,2006.

[6] 罗伯特·B·塔利斯著.杜威[M].彭国华译.中华书局,2002.

[7] 李学翠.幼儿园体验式教学研究[D].南京师范大学,2006.

[8] 赵祥麟,王承绪编译.杜威教育论著选[M].华东师范大学出版社,1981.

[9] 王筱晓.小班教师应用体验式教学的现状研究[D].辽宁师范大学,2018.

[10] 肖微.体验式教学在初中体育与健康课的应用研究[D].东北师范大学,2006.

[11] 白杨.初中美术体验式教学的对策研究[D].天水师范学院,2017.

[12] 卢梭著.爱弥尔[M].李平沤译.商务印书馆,1994.

[13] 张玉华.赫伯·里德艺术教育思想述评[J].教育探索,2016(8):9-11.

[14] 罗恩菲德.创造与心智的成长[M].王育德译.湖南美术出版社,1993.

[15] 艾略特.W.艾斯纳.儿童的知觉与视觉的发展[M].张丹等译.湖南美术出版社,1994.

[16] 杨伯峻.论语译注[M].中华书局,2017.

[17] 陈鼓应.老子注释及评介[M].中华书局,2009.

[18] 朱熹.朱熹集[M].四川教育出版,1996.

[19] 王阳明著,张靖杰译注.明隆庆六年初刻版《传习录》[M].江苏凤凰文艺出版社,2015.

[20] 颜元和他的"习行"[J].四川教育,1982(4):48.

[21] 梅纳新.论陶行知的教育思想及其特征[J].华北水利水电学院学报(社科版),2002(4):80-81.

[22] 卜小鹏,韩士新.构建多维化社区教育网络实践陶行知"社会即学校"的教育思想[J].教书育人,1999(9):20-21.

［23］北京市教育科学研究所编.陈鹤琴全集[M].江苏教育出版社,1984.

［24］教育部基础教育司.《幼儿园教育指导纲要解读》[M].江苏教育出版社,2002.

［25］张志祥.澳大利亚警察训练采用体验式教学简析[J].公安教育,1994(6):43-45.

［26］李颖.摒弃传统德育,构建体验式德育教学模式[J].吉林教育,2012(4):86.

［27］蔡舒.体验式教学为语文添姿增彩[J].考试与评价,2015(3):13.

［28］韩雪.大班幼儿音乐体验式教学的策略研究[D].哈尔滨师范大学,2016.

［29］李超.幼儿园大班社会教育活动中体验式教学应用的研究[D].内蒙古师范大学,2019.

［30］钱梦华.美术欣赏教学中的体验式教学[J].新课程学习(综合),2010(1):127-128.

［31］彭春梅.体验式教学在高中美术鉴赏课堂中的运用[J].中学教学参考,2017(6):62.

［32］刘名俊.体验式教学在美术鉴赏课中的应用[J].小学教学参考,2020(3):40.

［33］唐信霞.小学美术学科体验式教学初探[J].科学咨询(教育科研),2017(7):74.

［34］曹芳.核心素养下小学美术体验式教学对策[J].新课程,2022(35):50-52.

［35］王俊,张旭,武志强,楚阳阳.体验式幼儿美术教学组织形式初探[J].现代交际,2014(5):152-153.

［36］徐燕.幼儿园体验式美术教学策略研究[J].内蒙古教育,2016(14):20.

［37］田力力.幼儿园体验式美术教学策略的行动研究[D].西北师范大学,2017.

［38］徐楠.体验式教学在幼儿美术教学中的应用研究[J].才智,2018(20):164.

［39］王静.体验式教学在儿童美术教学实践中的应用——以杭州大成幼儿园《功夫水墨》公开课为例[J].美与时代(上),2020(2):132-134.

［40］张利钧.关于"体验"内涵的探讨[J].文教资料,2009(32):30-31.

［41］中国社会科学院语言研究所词典编辑室.现代汉语词典(第6版)[M].商务印书馆,2012.

［42］张敏.体验式教学在中学物理教学中的应用研究[D].辽宁师范大学,2011.

［43］任俊.积极心理学[M].上海教育出版社,2006.

［44］张金华,叶磊.体验式教学研究综述[J].黑龙江高教研究,2010(6):143-145.

［45］杨四耕.体验教学[M].福建教育出版社,2005.

［46］崔豪东.立足于"做"真教实学——论教学中"做"的有效实施[J].中小学数学(初中版),2022(Z1):5-8.

［47］李光丽.论水彩的表现中具象与抽象思维的衔接[D].青岛大学,2010.

[48] 高晓萌. 手工课动手能力的培养[D]. 哈尔滨师范大学, 2014.

[49] 顾韬. 幼儿园美术教育培养幼儿审美能力的策略[J]. 智力, 2020(20):177–178.

[50] 叶明芳. 创设和谐校园环境, 构建和谐校园文化[J]. 学前教育研究, 2012(6):64–66.

[51] 李婧一. 浅谈如何挖掘多元材料支持幼儿美术创作[J]. 求知导刊, 2020(40):86–87.

[52] 魏晓芳. 发掘学生心灵深处的诗意[J]. 作文成功之路 (上), 2014(11):33.

[53] 郑明月. 让想象力之"种"伴随幼儿茁壮成长——刍议幼儿想象力的培养策略[J]. 新课程:小学, 2017 (5):86.